Elke Schweizer

Auch das Lernen kann man lernen

OBERSTEBRINK

Dr. med. Elisabeth Aust-Claus
Dipl.-Psych. Petra-Marina Hammer

Vom Kindergarten in die Schule

Auch das Lernen kann man lernen

Was Sie als Eltern dafür tun können, daß Ihr Kind gut und gern lernt

Die Deutsche Bibliothek – CIP-Einheitsaufnahme

Aust-Claus, Elisabeth:
Auch das Lernen kann man lernen: vom Kindergarten in die Schule; was Sie als Eltern dafür tun können, daß Ihr Kind gut und gern lernt; das Buch für Erfolgs-Erlebnisse und Erfolgs-Ergebnisse c/ Elisabeth Aust-Claus; Petra-Marina Hammer. - Ratingen: Oberstebrink-Verl., 1997
(Das Buch für Erfolgs-Erlebnisse und Erfolgs-Ergebnisse)
ISBN 3-9804493-2-7

2. Auflage

Fotos:	Privat, IFA
Gestaltung und Satz:	Oberstebrink
Herstellung:	Mohndruck Printed in Germany
Verlag:	Oberstebrink Verlag GmbH Ploenniesstr. 3, 40885 Ratingen-Lintorf Tel. 0 21 02 / 77 17 70 - 0, Fax 0 21 02 / 1 73 37

ISBN:	3-9804493-2-7

Das Buch für Erfolgs-Erlebnisse und Erfolgs-Ergebnisse

Ist Ihr Kind in manchen Bereichen noch nicht so weit wie andere Kinder im gleichen Alter? Dann hat Ihr Kind wahrscheinlich seine Stärken in Bereichen, in denen andere Kinder noch nicht so weit sind. Lassen Sie sich nicht durch ehrgeizige Eltern anderer Kinder verrückt machen. Die Entwicklung von Kindern ist kein Wettbewerb. **In Kapitel 1 „Hilfe, mein Kind hat keine Lust zum Lernen"** erfahren Sie, wie Sie sich selbst ein Bild vom Entwicklungsstand Ihres Kindes machen können, und wie Sie es auf den Schritt vom Kindergarten in die Schule vorbereiten können.

Überlegen Sie, ob Ihr Kind schon schulreif ist? Jedes Kind hat seine eigene Entwicklung und wird auf seine eigene Weise schulreif. **In Kapitel 3 „Ist mein Kind schon schulreif?"** finden Sie eine Reihe von Fragen, mit denen Sie selbst beantworten können, ob Ihr Kind schon schulreif ist.

Findet Ihr Kind die Schule doof? Dann sollten Sie zunächst einmal herausfinden, was dahintersteckt. Oft hat die Abneigung von Kindern gegen die Schule gar nicht direkt etwas mit der Schule zu tun. **In Kapitel 4 „Mama, ich will nicht in die Schule!"** sehen Sie, aus welchen Gründen Kinder oft nicht in die Schule wollen.

Tut sich Ihr Kind beim Lernen schwer? Dann sollten Sie überlegen, was Sie zu Hause dafür tun können, daß Ihr Kind in der Schule den Kopf zum Lernen frei hat. **In Kapitel 6 „So helfe ich meinem Kind: Das Punkte-Plan-Spiel"** erfahren Sie, wie Sie Ihrem Kind mit einem guten Start in den Tag zu einem guten Tag in der Schule verhelfen können. **In Kapitel 7 „Was hab' ich bloß auf?" – Lernerfolge nach Plan"** sehen Sie, wie Sie die täglichen Hausaufgaben und die Vorbereitung auf Klassenarbeiten gemeinsam mit Ihrem Kind so planen können, daß Ihr Kind streßfrei lernt, erfolgreich arbeitet – und trotzdem genügend Freizeit hat.

Das „**Buch für Erfolgs-Erlebnisse und Erfolgs-Ergebnisse**" gibt Ihnen anhand von anschaulichen Fallbeispielen konkrete Tips und Anleitungen, die Sie gut nachvollziehen und schnell umsetzen können.

Sie werden sehen: **Auch das Lernen kann man lernen.**

1

„Hilfe, mein Kind hat keine Lust zum Lernen"

In diesem Kapitel erfahren Sie...

- warum nicht alle Kinder gleich sind
- wie Sie selbst feststellen können, ob Ihr Kind sich normal entwickelt
- worauf Sie beim Wechsel vom Kindergarten in die Schule achten sollten, um Ihrem Kind so den Start zu erleichtern

Die Kinderärztin: Erfahrungen aus der täglichen Praxis

Kennen Sie auch die Gespräche auf dem Spielplatz oder beim „Kaffeekränzchen", die um die Lernfähigkeiten der „lieben Kleinen" kreisen? Wie begeistert und stolz erzählen Eltern von den schnellen Lernfortschritten ihrer Kinder und freuen sich über deren immer größer werdenden Wissens- und Erfahrungsschatz.

Nach der Einschulung hören die Kinder dann von allen Seiten: „Gehst du gern in die Schule?" – „Kannst du schon lesen und schreiben?"

Was aber, wenn Ihr Kind dann nicht mit „Ja" antwortet – oder gar bekundet: „Schule ist ätzend"? Wenn beim Lernen nicht immer alles so glatt geht, wie alle es sich vorgestellt haben, bedeutet das Streß – sowohl für die Eltern als auch für das Schulkind.

Fabian *ist eins der Kinder, denen Schule überhaupt keinen Spaß macht. Die Eltern schildern:*

„Fabian ist jetzt 7 Jahre alt. Er war ein besonders niedliches, aber auch sehr anstrengendes Baby. In seiner Entwicklung war er den anderen oft voraus. Schon mit 4 Jahren fuhr er wie ein Rennfahrer Fahrrad ohne Stützräder. Er ist ein Draufgänger. Er probiert gern neue Dinge aus und hat kaum Angst. Manchmal müssen wir ihn bremsen, wenn er zu stark aufdreht und Gefahren nicht mehr richtig einschätzt.

Aber die echten Probleme fingen erst an, als Fabian eingeschult wurde. Er störte den Unterricht, konnte sich nicht in die Klassengemeinschaft einfügen und war frech zur Lehrerin. Wir wurden fast jede Woche zu einem Elterngespräch gebeten.

Fabian machte nur das, was ihm Spaß machte. Und dazu gehörten auf keinen Fall Schule und Hausaufgaben.

Ihm drohte sogar ein Schulwechsel zur Sonderschule für verhaltensauffällige Kinder!"

***Mareike** (8 Jahre) bringt ihre Mutter zur Verzweiflung: „Es gibt keinen Morgen ohne Geschrei und Theater, weil Mareike beim Anziehen trödelt, nicht zum Frühstück kommt und dann auch noch kurz vor dem Gehen den Schulranzen suchen muß. Sie ist total chaotisch. Letztendlich muß ich immer ihre Sachen zusammensuchen und sie antreiben. Durch ihre Trödelei verpaßt sie dann oft auch noch den Bus, so daß ich sie mit dem Auto zur Schule fahren muß. Mich bringt sie jeden Morgen auf 180. Sie selbst scheint das alles nicht zu stören."*

***Dennis** (7 Jahre) geht mittlerweile in die 2. Klasse. Er schimpft jeden Tag über die blöde Schule. Genervt ist er besonders beim Einmaleins-Lernen. Er kann sich die 7er- und die 9er-Reihe einfach nicht merken. In der Familie gibt es bald kein anderes Thema mehr. Sogar beim Abendessen will sein Vater von ihm wissen, wieviel 8 mal 7 ist.*

Aber es ist nicht nur das Lernen. Dennis hat auch keine Lust, im nächsten Monat einen Übernachtungs-Ausflug mit seiner Klasse mitzumachen. Wie würde er dastehen, wenn es gerade an diesem Tag wieder passiert, und das Bett morgens naß ist!

Seine Mutter ist enttäuscht von ihm: Er ist schon keine Leuchte in der Schule und dann auch noch „Bettnässer"! Dennis hat keine Ahnung, wie er das ändern könnte. Deshalb ist er jeden Tag motzig und freut sich nur noch auf die Ferien.

*Die Mutter von **Jens** (8 Jahre) ist ratlos: Bis zur Einschulung war ihr Sohn für sie ein ganz „normales" und cleveres Kind. Seit Ende der ersten Klasse aber muß sie ständig zu seinem Klassenlehrer und sich wieder eine Predigt über sein schlechtes Verhalten anhören: Er stört den Unterricht; er paßt nicht auf; er bemüht sich immer noch nicht, in den Linien zu schreiben; er macht ständig dumme Streiche; er macht selten die Hausaufgaben vollständig.*

Das Fazit des Lehrers: Jens ist sehr intelligent, macht sich aber durch sein unmögliches Verhalten alles kaputt. Wenn es so weitergeht, ist er für die Schule untragbar.

***Adriana** (9 Jahre, 3. Klasse) leidet unter ihrem Schulfrust. Wie die Lehrerin sagt, ist Adriana verträumt und starrt Löcher in die Luft. Das meiste vom Unterricht geht an ihr vorbei. Sie sagt: „Ich brauche für das Diktat gar nicht erst zu üben. Es wird sowieso eine 5.“ Aus lauter Frust ißt sie nachmittags tütenweise Süßes. Mittlerweile hat sie so zugelegt, daß schon alle „Dickmops“ rufen und sie dadurch noch weniger Lust hat, in die Schule zu gehen.*

***Benedikt** (6 Jahre) hat bei der Einschulungs-Untersuchung nicht mitgemacht. Was nun? Kann er in die Regelschule? Im Kindergarten sind sich die Erzieherinnen auch nicht einig: Einerseits ist Benedikt sehr schüchtern, so daß man oft gar nicht merkt, daß er da ist – andererseits kann er sehr flippig sein und auch aggressiv reagieren. Er schlägt und beißt Kinder, die ihm nichts getan haben.*

Vor gemeinsamen Spielen drückt er sich am liebsten, so daß schwer einzuschätzen ist, was er eigentlich kann. Am liebsten verzieht er sich in eine Ecke und spielt allein – dann plötzlich ist er wieder ganz hektisch und tobt herum. Die Mitte scheint er nicht zu kennen.

Zu Hause beschäftigt er sich gern allein und hat in kürzester Zeit einen Stapel von Vorschulheften „bearbeitet“. Am liebsten sind ihm Aufgaben mit Zahlen. Er kann auch schon bis 100 rechnen. Papas Computer bedient er selbständig.

Das Malen dagegen gelingt ihm nicht so recht, und beim Turnen ist er einer der Ungeschicktesten. Auf dem Spielplatz hat er immer noch Angst, auf die Rutsche zu gehen oder zu klettern.

***Ines** (9 Jahre, 3. Klasse) geht zwar einigermaßen gern in die Schule, kommt mittags aber wie gerädert nach Hause und klagt über Kopfschmerzen. Sie fühlt sich immer unter Druck und ist sehr angespannt. Sie möchte auch mal so locker und schnell lernen können wie ihr Bruder Philipp. Sie muß sich schon seit der ersten Klasse quälen. Die Matheaufgaben muß ihr Vater ihr erklären. Sie versteht einfach nicht, was sie eigentlich rechnen soll. Am schlimmsten ist Kopfrechnen. Kaum hat sie die Aufgabe gehört, schon hat sie die Zahlen wieder vergessen.*

Bei unserer täglichen Arbeit in der Kinderarzt-Praxis sind Kinder wie Fabian, Mareike, Dennis, Jens, Adriana, Benedikt und Ines keine Ausnahme. Kennen Sie auch solche „Schulkarrieren“? Haben Sie ähnliche Schilderungen auch schon erlebt und zu Hause diskutiert?

Geht es Ihrer Tochter oder Ihrem Sohn vielleicht sogar ähnlich? Dann werden Sie in den nächsten Kapiteln mögliche Erklärungen für solche Verhaltensweisen finden und Lösungsmöglichkeiten, die Sie selbst ausprobieren können.

Unsere Erfahrungen bestätigen uns Tag für Tag, daß gerade die nach außen hin lustlos wirkenden Kinder Hilfestellungen suchen. Sie wünschen sich, wieder mit Spaß und Erfolg lernen zu können. Auch sie möchten einmal vor der ganzen Klasse von der Lehrerin gelobt werden und den Vermerk „Super gemacht“ in ihrem Heft finden.

Den Eltern geht es ähnlich: Sie sind sehr engagiert und bemüht. Sie wollen das Beste für ihr Kind und bieten ihm jede Unterstützung. „Ich übe schon jeden Tag mit ihm und erinnere ihn morgens daran, besonders gut aufzupassen – was kann ich denn sonst noch tun?“

Die Themen „Schule – Lernen – Konzentrations-Fähigkeit“ sind aus einer Kinderarzt-Praxis nicht mehr wegzudenken. Liegt der Grund für häufige Kopfschmerzen, Bauchschmerzen und für Verhaltens-Auffälligkeiten in einer Funktions-Störung des Gehirns, an der Erziehung oder an den Schul-Anforderungen?

Solche und ähnliche Fragen versuche ich durch eine neurologische Untersuchung, durch Entwicklungs-Tests und in gemeinsamen Gesprächen mit den Eltern und Kindern zu klären.

In familientherapeutischen Gesprächen schildern die Eltern immer wieder den nervenaufreibenden Alltag mit ihren anstrengenden Kindern. Der Familiensegen hängt häufig schief. Es gibt Ehestreitigkeiten und Partnerschaftsprobleme.

Häufiger Anlaß für Unsicherheiten in den Familien sind Kinder mit Lernproblemen und den daraus resultierenden Verhaltens-Auffälligkeiten.

Ich habe mich deshalb intensiv mit den Grundbedingungen und Fördermöglichkeiten „gehandicapter Kinder" auseinandergesetzt und mich auf dem Gebiet der Kinderneurologie spezialisiert. Die Beschäftigung damit führte mich in die faszinierende Welt unseres Gehirns, seiner Funktionsweise und Reifung.

Das Thema ließ mich nicht mehr los.

Dabei lernte ich die auf diesem Gebiet sehr versierte Psychologin Petra-Marina Hammer kennen. Inzwischen arbeiten wir seit Jahren eng zusammen, und bei unserer Zusammenarbeit entstand unter anderem die Idee zu diesem Buch.

Dr. med. Elisabeth Aust-Claus
Kinderärztin
Juli 1997

Die Psychologin: Erfahrungen mit dem eigenen Kind

Daß meine Tochter Rebecca einmal Probleme in der Schule bekommen würde, daran hätte ich im Traum nicht gedacht. Sie war kaum 12 Monate auf der Welt, da sprach sie Zweiwortsätze und zeigte sich an allem interessiert. Ihre Neugierde und ihre Energie schienen kein Ende nehmen zu wollen.

Im Alter von drei Jahren verblüffte sie jeden durch ihr selbstbewußtes Auftreten und ihre Schlagfertigkeit. Sie war schon damals nie um eine Antwort verlegen. Wer sie „in Aktion“ erlebte, der prophezeite: „Sie wird einmal Klassen überspringen.“

Doch es kam ganz anders!

Schon nach einer Woche Schule teilte sie uns mit, daß sie in der Klasse jetzt zwar einen ganzen Tisch für sich allein habe, aber mit niemanden mehr schwätzen könne. Schule sei wohl nicht „ihr Ding“. Ruhig zu sein, stillzusitzen und noch dazu diese „dummen Kringel“ zu malen, das könne wirklich keiner von ihr verlangen.

Mein Mann und ich bemühten uns redlich, ihr mit Sprüchen wie „Stell’ Dir vor, wie herrlich es ist, wenn du erst einmal selbst schreiben kannst“, die Schule wieder schmackhaft zu machen.

Doch ohne Erfolg!

Zwei Tage später plünderte sie ihr Sparschwein. Sehr überlegt und ernst teilte sie uns mit: „Ich bin zu dem Entschluß gekommen, Schule ist nichts für mich, wißt ihr, ich kaufe mir lieber eine Sekretärin“.

Das 1. Schuljahr war für unsere kleine Familie eine große Qual. Wir waren oft verzweifelt und ratlos. Die Suche nach fachlich kompetenter Hilfe blieb damals erfolglos.

So konnte es nicht weitergehen. Es mußte sich etwas ändern.

Zuerst eher notgedrungen – später aus wachsendem Interesse – arbeitete ich mich in den Bereich der Schulprobleme ein. Das Thema fesselte mich, die Nöte dieser Kinder machten mich betroffen.

Allmählich wandte ich der Erwachsenen-Psychotherapie den Rücken zu. Mein Verlangen, den Kindern zur Seite zu stehen, gewann die Oberhand.

Im Laufe der vergangenen Jahre habe ich bei Weiterbildungen und auf Kongressen, insbesondere in den USA, wertvolle Erfahrungen gesammelt. Die Trainings-Programme in meiner Praxis basieren überwiegend auf amerikanischen Konzepten und haben sich bewährt.

Heute stehe ich nicht mehr allein da. Die Kinderärztin und Kinderneurologin Dr. Elisabeth Aust-Claus hat ihre Praxis ganz in meiner Nähe. Unsere Zusammenarbeit und der ständige Erfahrungs- und Wissensaustausch kommen den Kindern zugute, die mit ihren Schulproblemen zu uns in die Praxis kommen, und die wir – zum Teil gemeinsam – betreuen.

In unserer Familie ist das Thema Schule mittlerweile kein „rotes Tuch" mehr – wir können heute gemeinsam über die damaligen schwierigen Situationen lachen.

Mit diesem Buch wünschen wir uns, Ihnen positive Anregungen zum Lernen geben zu können, wenn Ihnen zur Zeit allein beim Gedanken an die Schule die Gänsehaut näher liegt als ein Lächeln.

Dipl.-Psych. Petra-Marina Hammer
Juli 1997

„Meins kann das schon lange“ – und meins? Das Märchen vom „normalen“ Kind

Welche Eltern registrieren nicht voller Stolz und Freude all die „Meilensteine“, die ihre Kinder bei der Eroberung der Welt erreichen. Jeden Tag passiert etwas Spannendes und Neues. Bei allem Erstaunen über die enorme Lerngeschwindigkeit der „kleinen Persönlichkeiten“ schleichen sich jedoch manchmal sorgenvolle Gedanken ein: Ist mein Kind „normal“ entwickelt? Braucht es mehr Unterstützung? Wird es sich in der komplizierten Welt behaupten können?

Schon in den ersten Schwangerschaftswochen, wenn auf dem Ultraschallmonitor beim Frauenarzt der Herzschlag und später die Bewegungen des winzig kleinen Wesens aufgezeichnet werden, sind Eltern gefangengenommen von einem verwirrenden Gemisch aus unglaublichen Glücksgefühlen, der Angst vor Verantwortung und der Sorge um das Wohlergehen ihres Kindes. „Ist alles in Ordnung? Hat mein Kind alle Voraussetzungen, einfach und mühelos die Welt zu erkunden und sich gut zu entwickeln? Wie verhalte ich mich am besten in der Schwangerschaft, um meinem Kind den bestmöglichen Start ins Leben zu bieten?“

Diese Gefühle und Fragen begleiten alle Eltern durch alle Entwicklungs-Phasen.

Vom Baby zum Kindergarten-Kind: Wie Kinder die Welt entdecken

In welchem Familienalbum findet man sie nicht, die niedlichen Fotos des neugeborenen Babys und der strahlenden Eltern?

Sophie *ist 3.200g schwer, 51cm groß und unglaublich niedlich.*
Sie ist gesund und hat alle Voraussetzungen, die Welt zu erforschen.
Welch eine Erleichterung!

Das Fotoalbum füllt sich mit vielen glücklichen Momentaufnahmen: Sophie zufrieden im Arm des stolzen Papas; Sophie lächelt bezaubernd; Sophie mit ihrer neuen Rassel; Sophie liebkost ihren Schmusebär; Sophie krabbelt im Sandkasten. Und dann – welch ein Moment: Sophie steht auf und läuft strahlend in Mamas Arme!

Unser Kind kann laufen – ein großer „Meilenstein" in der Entwicklung ist geschafft.

Im Alter von 2 bis 6 Jahren werden die „kleinen Personen" dann immer selbständiger und erweitern ständig ihren Aktionsradius. Das „Lernen" mit allen Sinnen, die Entwicklung des Denkens und die zunehmende Kommunikations-Fähigkeit überraschen uns jeden Tag aufs Neue.

Nun hören wir nicht mehr nur Kommentare wie: „Ganz der Papa", sondern jetzt wird schon über die besonderen Begabungen spekuliert: „Er wird sicherlich so sportlich wie der Papa", oder: „Sie ist so musikalisch wie die Mama", oder: „Sie ist ja schon so clever. Sie wird sicher auch die Beste im Rechnen sein – wie der Opa."

Alle Eltern wollen das Beste für ihr Kind – und viele auch, daß ihr Kind das Beste wird...

***Sophie** besucht jetzt die „Musikalische Früherziehung" und geht regelmäßig zum Kinderturnen. Sie soll früh an das Klavierspielen herangeführt werden. Außerdem soll sie auch möglichst bald Schwimmen lernen.*

Was aber, wenn sie Klavierspielen „doof" findet und gar keine Lust hat, ins Wasser zu gehen? Oder wenn Sophie alle „Förderangebote" verweigert?

Lassen Sie ihr Zeit! Ohne Spaß am Lernen wird es nicht klappen. Finden Sie auch schon in diesem Alter heraus, was Ihrem Kind besonders viel Freude macht, und wobei es Lust hat, sich spielerisch neue Dinge anzueignen.

Denken Sie immer daran: **Jedes Kind hat seine eigene Begabung und sein eigenes Lerntempo**.

- **Schlußfolgerung**:
  Der „Forscherdrang" ist jedem Kind angeboren. Bieten Sie Ihrem Kind also ruhig neue Erfahrungen an, aber zwingen Sie es nicht zu irgendetwas. Ein Überangebot an Fördermöglichkeiten kann nämlich mindestens ebenso schädlich sein wie eine Unterforderung. Denn das Überangebot kann zu Lernmüdigkeit führen, und dann erreichen Sie das Gegenteil von dem, was Sie eigentlich wollen.

Als Eltern wissen Sie natürlich, daß nicht alle gleichaltrigen Kinder gleich sind. Trotzdem vergleicht man oft, wie unter Zwang, und es schleichen sich manchmal sorgenvolle Gedanken ein.

Eine Mutter erzählt:

„Gestern wurde mein Stolz auf unseren Sohn ***Alexander*** *doch wieder mal etwas in Frage gestellt: Im Schwimmbad kam ich mit Violas Mutter ins Gespräch. Alexander kennt Viola aus dem Kindergarten. Sie hüpft juchzend ohne Schwimmflügel ins Nichtschwimmer-Becken. Mein Alexander dagegen drückt sich am Beckenrand herum und traut sich nicht ins Wasser – auch nicht mit dem Schwimmreifen. ‚Wie alt ist Alexander jetzt?' – ‚Vor 2 Monaten 6 geworden', antwortete ich. ‚Aber er hatte schon immer Angst vor Wasser.' – ‚Viola hat im Winter einen Schwimmkurs mitgemacht und ist seitdem eine richtige Wasserratte geworden. In so einem Kurs hätte Alexander bestimmt auch schnell Spaß am Schwimmen gefunden.' Violas Mutter hat gut reden. Wenn sie wüßte, daß wir schon einen kläglichen Schwimmkurs-Versuch hinter uns haben. Alexander hat das ganze Schwimmbad zusammengeschrieen und sich nicht von meiner Seite getraut. Obwohl ich ihm die tollsten Belohnungen versprochen habe, war nichts zu machen. Ich weiß auch nicht, warum gerade mein Sohn so ängstlich und ungeschickt ist."*

Alexander ist kein Einzelfall. Viele Eltern machen sich Sorgen, wenn bei ihrem Kindern etwas nicht klappt, was bei anderen angeblich schon lange kein Thema mehr ist.

Robin *(5 Jahre) wird von seinem Freund eingeladen, bei ihm zu übernachten. Es wäre das erste Mal, daß er nicht in seinem Bett zu Hause schläft. Er ist von der Idee eigentlich ganz begeistert, aber trotzdem sagt er ab. Sein Freund soll ja schließlich nicht wissen, daß er manchmal nachts noch ins Bett macht. Tagsüber hat er die Sache jetzt glücklicherweise im Griff.*

Robins Mutter ist dieses Thema genauso peinlich. Denn beim Spieltreff erzählen alle Mütter stolz: „Ein Glück: Er ist sauber. Das ewige Windelnwechseln und die Wäscheberge sind endlich vorbei."

Robins Mutter grübelt: „Was sollen wir denn noch tun? Er bekommt abends schon nichts mehr zu trinken, wird nachts geweckt und morgens belohnt, wenn das Bett trocken bleibt. Warum lernt er es nicht wie alle anderen Kinder in seinem Alter?"

„Ist es normal, daß ***Steffi*** *mit 5 Jahren noch kein Fahrrad fahren kann? All ihre Freundinnen flitzen schon ohne Stützräder herum." Sie sitzt lieber über ihren Zeichenblock gebeugt und malt.*

Erik *wird im nächsten Monat 6 Jahre alt. In der Kickermannschaft ist er einer der Besten. Er hat Laufen, Fahrradfahren und Schwimmen mit beneidenswerter Leichtigkeit gelernt. Warum kann er dann den Stift noch nicht mit Daumen und Zeigefinger halten? Und warum malt er überhaupt nicht? Ist es schlimm, daß er das S und das K noch nicht gut aussprechen kann? Warum hört er nicht wie seine Schwester Kassetten? Sollte er nicht schon Lieder auswendig können? Warum ist er so „wortfaul" und erzählt überhaupt nicht von seinen Erlebnissen im Kindergarten?*

Wenn Sie solche Fragen mit anderen Eltern diskutieren, werden Ihnen bestimmt oft noch mehr Unterschiede auffallen. Und dann beginnen Sie sich vielleicht zu fragen: „Was stand noch in dem Buch über die ‚normale Kindesentwicklung'? Was sollte mein Kind alles können?“ Alexander, Robin, Steffi und Erik: Sie alle erreichen in einzelnen Entwicklungs-Bereichen nicht ganz die altersentsprechenden Durchschnitts-Werte. Was nun?

Das Wichtigste ist: Lassen Sie sich nicht irre machen durch irgendwelche „Normwerte der Entwicklung“. Solche Werte sind statistische Durchschnitts-Werte, die für Sie vielleicht wenig Wert haben, weil Ihr Kind ganz andere Werte hat als der Durchschnitt. Stellen Sie deshalb zuerst eine persönliche Liste für Ihr Kind auf – zum Beispiel so:

- Was kann mein Kind besonders gut?
- Womit beschäftigt es sich am liebsten?
- Welche Dinge vermeidet es immer?
- Lernt mein Kind besser
  - über das Tun und Ausprobieren
  - über das Hinhören und über Erklärungen
  - oder mehr über das Gesehene und das Anschauen von Bildern?
- Hat es ein gutes Selbstvertrauen?
- Welche Mißerfolge hat es schon erlebt?
- Waren vielleicht auch andere Familienmitglieder in manchen Bereichen – z.B. in der Sauberkeits-Entwicklung – etwas langsamer?

Schon von Geburt an gibt es sehr große Unterschiede in der Entwicklung. Denn jedes Kind benutzt seine Wahrnehmungskanäle (siehe Kapitel 2) individuell verschieden .

Zum Beispiel klappt bei manchen Kindern das Lernen am besten über den Körpersinn und das direkte Erspüren und Ausprobieren. Wie bei Erik. Der scheint alles besser verstehen und sich merken zu können, wenn er es im wahrsten Sinne des Wortes „**begreift**“, d.h. er möchte Dinge anfassen, seine „Erfahrungen“ direkt in Bewegung umsetzen. Er hat keinen so guten „Verbindungsdraht“ zu Gehörtem und zu Sprache.

Bei Steffi dagegen ist der „Lernkanal“ über ihre Körperwahrnehmung nicht so stark ausgeprägt. Sie erfaßt ihre Umwelt besser über das genaue Beobachten und Erzählen. Dafür malt sie schöne Bilder und erzählt fesselnde Geschichten.

Alexander wiederum ist kein „großer Schwimmer“. Er braucht immer festen Boden unter den Füßen. Vielleicht hat er seine Stärken im phantasievollen Spiel mit Legos und Playmobilfiguren?

Solche Unterschiede finden Sie bei allen Kindern in allen Entwicklungs-Phasen. Entscheidend ist, daß Sie – anhand Ihrer eigenen Fragenliste – herausfinden, welche persönlichen Schwerpunkte Ihr Kind hat. Denn eins haben alle Kinder gemeinsam: Sie sind neugierig, sie möchten ständig neue Erfahrungen machen und selbständig werden – auch wenn sie ihre verschiedenen Sinneskanäle noch so unterschiedlich nutzen.

Im Kindergarten tut sich für Ihr Kind plötzlich eine ganz neue, viel größere Welt auf – mit völlig neuen Eindrücken, Erlebnissen und Erfahrungen. Für Ihr Kind ist es jetzt spannend, mit anderen Kindern zu spielen, seine Fähigkeiten im Spiel auszuprobieren und auch „den eigenen Kopf“ durchzusetzen. Alles Erlebte wird eingebunden in eine fast explosionsartige Weiterentwicklung von Körpergeschicklichkeit, sprachlicher Ausdrucksfähigkeit, Erfinden von Rollenspielen oder anderen kreativen Beschäftigungen und Denkprozessen. Die Kinder lernen sehr schnell, wie man mit der Gabel ißt, mit der Schere schneidet, sich selbständig an- und auszieht, Knöpfe und Reißverschluß öffnet, wie man mit Stiften malt, wie man zuhört, erzählt, telefoniert und sich in einer Gruppe von Kindern zurechtfindet.

So ist es auch bei ***Sophie****. Sie ist jetzt 5 Jahre alt. Im Fotoalbum tauchen immer mehr Bilder mit anderen Kindern auf: auf dem Spielplatz, bei der Fahrradtour und von der Feier im Kindergarten.*

Sie macht beim Theaterspielen genauso gern mit wie im Stuhlkreis und beim Basteln. Sie malt kreativ und bringt ihren Eltern fast täglich neue Kunstwerke mit nach Hause.

***Frank** besucht seit einigen Wochen denselben Kindergarten wie Sophie. Aber bei ihm läuft nicht alles so glatt. Am liebsten spielt er draußen und tobt wild herum. Franks Mutter: „Bisher haben wir uns über den Bewegungsdrang unseres Sohnes gefreut. Jetzt aber gibt es Klagen von der Kindergärtnerin, daß Frank zu wild sei und es nicht schafft, ruhig am Tisch sitzenzubleiben und etwas zu malen. Es macht ihm einfach keinen Spaß, mit dem Stift zu kritzeln oder sogar schon etwas Erkennbares zu produzieren. Alle Vorschläge, etwas zu basteln oder im Stuhlkreis mitzumachen, weist Frank zurück. Er stört die anderen Kinder.“*

Auf den Fotos vom Weihnachtsfest ist Frank gar nicht zu sehen. Er hat nichts mitgemacht und sich unter dem Tisch versteckt. Die Eltern sind von Frank enttäuscht.

Franks Verhalten ist gar nicht so selten. Er soll im Sommer eingeschult werden – und die Eltern fragen sich: „Wird er es schaffen, konzentriert zu arbeiten und Schreiben und Lesen zu lernen?“

Was ist mit Frank los? Ist er wirklich nur der draufgängerische Junge, oder hat er eine Entwicklungs-Störung?

Bei unseren Untersuchungen konnten wir Frank eine altersgemäße Entwicklung in fast allen Bereichen bescheinigen. Er ist z.B. beim Hüpfen und Balancieren besonders geschickt. Denkaufgaben meistert er hervorragend. Allerdings läßt er sich schnell ablenken und zappelt herum, wenn er ruhig sitzen soll. Dadurch fällt es ihm schwer, sich auf Beschäftigungen zu konzentrieren, die Ausdauer verlangen – wie z.B. das Malen. Im Kindergarten gibt es darüberhinaus viel zu viele Dinge, die ihn ablenken.

Durch sein Herumhampeln und Kaspern findet Frank keinen Zugang zu Spielen, die Zuhören, Hinschauen und Ausdauer verlangen. So kriegt er leider vieles nicht mit, und manches bleibt ihm vorenthalten.

Er ist nicht dümmer als die anderen, sondern hat sich ganz einfach in eine andere Richtung entwickelt.

Damit Frank sich einen ähnlich großen Erfahrungsschatz wie z.B.

Sophie aneignen kann und einen guten Start in die Schule bekommt, muß er lernen, aufmerksam zu werden. So erst kommen seine „Lern- und Sinneskanäle“ zum Einsatz, und er wird die nötigen Fertigkeiten beherrschen.

- **Schlußfolgerung**:
  Wenn Ihr Kind in einem Bereich weniger weit ist als andere, bedeutet das nicht, daß Ihr Kind generell nicht altersgerecht entwickelt ist. Wahrscheinlich hebt es sich durch Fähigkeiten auf anderen Gebieten hervor. Spielen Sie Detektiv, und finden Sie die besonderen Stärken Ihres Kindes heraus. Ihr Kind wird glücklich sein, wenn Sie seine speziellen persönlichen Fähigkeiten nicht nur erkennen, sondern auch anerkennen. Und das ist die beste Voraussetzung, um Ihr Kind zum Lernen zu motivieren. Und lassen Sie sich auf keinen Fall auf einen Wettbewerb mit Eltern ein, deren Kind „schon weiter ist“.

Aufmerksamkeit läßt sich lernen

Bevor das Lernen gelernt wird, muß ein Kind wie Frank erst einmal Aufmerksamkeit lernen. Dazu ist ein fester Tagesablauf mit immer wiederkehrenden Regeln eine gute Orientierungs-Stütze (siehe Kapitel 4). Bei zu vielen Reizeindrücken wird nämlich die Aufmerksamkeit Ihres Kindes gestört, und es ist abgelenkt. Ihr Kind muß über Zeiteinteilung und Rituale lernen, Tobe- und Ruhephasen auseinanderzuhalten. Wenn es das geschafft hat, wird es bewußter hinhören und hinschauen und so mehr Informationen von außen wahrnehmen und zahlreiche neue Lernerfahrungen machen.

Frank zum Beispiel lernt, einige Minuten ruhig zu sitzen – z.B. bei den gemeinsamen Mahlzeiten – und nicht sofort loszuplappern. Er lernt, beim Erzählen abzuwarten und seinen Bruder ausreden zu lassen. Er bekommt von den gemeinsamen Gesprächen immer mehr mit. Mit der Zeit konzentriert er sich sogar beim Würfelspiel und kann es auch aushalten, mal zu verlieren. Er rastet nicht mehr so schnell aus und wird nicht gleich sauer, wenn er im Kindergarten mitbasteln soll. Mit der Zeit findet er sogar auch Spaß am Malen. Besonders freut Frank sich über das Lob, wenn er kleine Aufgaben meistert. Sein Tag besteht jetzt nicht mehr aus ständigen Ermahnungen, sondern aus lauter kleinen Erfolgs-Erlebnissen, die ihn anspornen, so weiterzumachen.

- **Schlußfolgerung**:
  Geben Sie nicht gleich auf. Niemand kann sein Kind von heute auf morgen dazu bringen, sich plötzlich ganz anders zu verhalten. Die wichtigsten Eigenschaften, die Sie als Eltern jetzt brauchen, sind Engelsgeduld und eine unerschütterliche Zuversicht. Bleiben Sie am Ball, und glauben Sie an den Erfolg. Das Wichtigste dabei: Arbeiten Sie nicht gegen Ihr Kind, sondern mit Ihrem Kind. Freuen Sie sich gemeinsam über jeden „Etappen-Sieg“. So werden Sie zusammen mit Ihrem Kind ans Ziel gelangen.

Vor der Einschulung: Bald beginnt der „Ernst des Lebens“

Schulanfang: Beginnt jetzt der „Ernst des Lebens“?

Diese Frage stellten sich auch die Eltern von Max. Wir lernten ihn einige Monate vor der Einschulung kennen. Seine Eltern waren unsicher, ob ihr Sohn überhaupt „schulreif“ sei.

__Max__ war gerade 6 Jahre alt geworden. Zum Geburtstag hatte er einen tollen Schulranzen mit einem Fußballspieler darauf bekommen. Apropos Geburtstag: Der Tag war total chaotisch und anstrengend gewesen. Max war aufgedreht und flippig. Er rannte nur herum und hielt sich nicht an die Regeln beim Eierlaufen und Topfschlagen. Immer wollte er bestimmen und alles auf einmal machen.

Wenn man Max hörte, dann __wollte__ er nicht nur immer alles, sondern er __konnte__ auch alles, und zwar nicht nur an seinem Geburtstag. Aber seine Eltern verzweifelten, weil sein Kinderzimmer regel-

mäßig im Chaos versank. Legosteine und Playmobil flogen durcheinander. An manchen Tagen konnte er allerdings auch über eine halbe Stunde lang mit Legosteinen spielen. Nichts konnte ihn dann aus der Ruhe bringen. Auf andere Spielsachen ließ er sich jedoch erst gar nicht ein. Lieber sprang er in seinem Bett herum oder quengelte, daß jemand mit ihm spielen sollte. Er konnte sich außer mit seinen Legosteinen keine fünf Minuten allein beschäftigen. Wenn er zusammen mit seiner Schwester und seiner Mutter „Mensch ärgere dich nicht" spielte, rastete er regelmäßig aus, wenn er verlor. Keiner hatte mehr Lust, mit ihm ein Würfelspiel zu beginnen.

Die Freunde der Familie hielten sich mit Kommentaren zurück, allerdings sprachen ihre Mienen Bände! Die Großeltern überhäuften die Eltern mit Ratschlägen und Erfahrungen. In der Familie gab es oft Ärger und Mißstimmungen.

Die Kindergärtnerinnen fanden Max anstrengend. Wenn alle Kinder malten, erzählte er irgendwelche tollen Geschichten – und sein Zeichenblock blieb leer.

Zu Recht sahen die Eltern der Einschulung mit gemischten Gefühlen entgegen. Einerseits wußte Max schon unglaublich viel. Andererseits eckte er überall an und konnte nicht ruhig sitzen bleiben. Da er immer bestimmen wollte, hatte er kaum Freunde.

Bei unseren Untersuchungen malte Max auch sich selbst.

Das Bild ist zwar etwas schnell hingekritzelt, ist aber eine richtige „Mensch-Zeichnung" für Einschulkinder. Wie man sieht, kann Max sogar schon schreiben (Bild links).

Die Mutter hat auch ein Bild mitgebracht, das Max ein Jahr vorher, also mit 5 Jahren, gemalt hat (Bild rechts).

von Max (6 Jahre)

von Max (5 Jahre)

Im Vergleich der beiden Bilder sehen Sie, wie sich Max innerhalb eines Jahres beim Malen weiterentwickelt hat. Mit 5 Jahren malte Max noch einen sogenannten „Kopffüßler", einen Menschen mit Kopf, Augen, Mund und Beinen. Das ist ein typisches „Männchenbild" eines etwa 4jährigen Kindes. Das räumliche Verständnis, die Körperwahrnehmung und die Stiftführung sind noch nicht so reif wie bei einem 6jährigen.

Eine „Mensch-Zeichnung" wird bei fast jeder Einschulungs-Untersuchung verlangt. Typischerweise können alle ihrem Alter entsprechend entwickelten sechsjährigen – also „schulreifen" – Kinder in unserem Kulturkreis einen Menschen mit allen seinen Körperteilen zeichnen – meist auch in den richtigen Größen-Verhältnissen.

Zur Veranschaulichung noch zwei Beispiele für „Mensch-Zeichnungen“:

von Martin (5 Jahre)

von Anna (6½ Jahre)

Bei Martin sind zwar mehrere Körperteile gezeichnet, aber nicht an der entsprechenden Stelle plaziert. Er wirkt im Zeichnen und beim „Körperschema“ noch unreif. Weitere Entwicklungs-Untersuchungen sind sicherlich nötig. Das Bild von Anna ist im Vergleich dazu perfekt. Man kann richtig sehen und spüren, daß sie das Malen toll findet und schon lange Bilder malt. Sie hat sicherlich jedes Mal- und Bastelangebot im Kindergarten begeistert angenommen – im Gegensatz zu Max.

Zurück zu Max: Was sollte er (außer „Mensch-Zeichnungen“ malen) noch können, um in der Schule klarzukommen? Im Kindergarten kann Max viele Dinge tun, die er tun will und die ihm Spaß machen. In der Schule wird das anders:

- Es wird dann von ihm erwartet, bestimmte Aufgaben in einer bestimmten Zeit zu erledigen.
- Er wird sich daran gewöhnen müssen, daß die Lehrerin Ansprechpartnerin für über 20 Kinder ist.
- Er muß abwarten lernen, seine spontanen Bedürfnisse zurückstellen und sich zielgerichtet konzentrieren.
- Schule bedeutet mehr selbständiges Arbeiten.

- Die Arbeitsanweisungen werden zunehmend nur mündlich gegeben, und es wird nicht mehr alles gezeigt und vorgemacht.
- Das Lernen erfolgt mehr und mehr über die Wahrnehmung mit Augen und Ohren.
- Für Herumturnen, Herumlaufen und ständiges Dazwischenreden wird es oft Ermahnungen geben.

An diesen wenigen Punkten sehen Sie schon: Der Unterschied zwischen Kindergarten und Schule ist riesengroß – vor allem für ein Kind wie Max. Max wird nun feste Regeln im Unterricht lernen, z.B. wann man etwas sagen darf und wann man ruhig sein sollte. Die Lehrerin wird ihn nicht immer wieder daran erinnern, seinen Turnbeutel aus der Sporthalle mitzunehmen. Ebenso sollte er seine Arbeitssachen so gut sortiert haben, daß er selbst alles wiederfindet.

Welche konkreten Hilfen Sie Ihrem Kind geben können, um die völlig neuen Anforderungen des Schul-Lebens zu erfüllen, lesen Sie in Kapitel 5.

- **Schlußfolgerung**:
  Der Wechsel vom Kindergarten in die Schule bringt viele Veränderungen mit sich. Plötzlich sieht Ihr Kind sich vor ganz neue Anforderungen gestellt: Ordnung, Disziplin, Aufmerksamkeit, Konzentration. Das alles will gelernt sein – und es kann auch gelernt werden. Mit Ihrer Hilfe. Sie können Ihrem Kind schon vor der Schulzeit ein organisatorisches „Gerüst“ bauen, an dem es sich dann in der Schule festhalten kann. So hat Ihr Kind den Kopf frei, um streßfrei zu lernen. Auch diesen Lernprozeß zur Vorbereitung auf die Schule können Sie nicht einfach anordnen und von heute auf morgen durchsetzen. Führen Sie Ihr Kind Schritt für Schritt behutsam an die neuen Anforderungen der Schule heran – und freuen Sie sich gemeinsam über jeden Schritt, den Sie gemeinsam geschafft haben. Weitere Hinweise zum Thema „Schulreife“ finden Sie in Kapitel 3.

In der Schule: „Jetzt bin ich schon groß“

Nach dem sechsten Geburtstag bestimmt das Thema „Schule“ den Alltag. Die Kinder können den Einschulungstag schon gar nicht mehr erwarten. Sie sind nicht nur gespannt auf den Inhalt ihrer Schultüte, sondern auch auf die Atmosphäre in der Klasse. Sie wollen meist schon direkt mit dem Lesen, Schreiben und Rechnen anfangen.

In keinem Fotoalbum darf das Bild des erwartungsvollen, noch etwas unsicheren Erstkläßlers mit seiner Schultüte fehlen.

Wir Eltern erinnern uns schmunzelnd an unseren eigenen Start und die guten Wünsche für den „Ernst des Lebens“.

Welche Gefühle haben wir Erwachsenen heute bei der Erinnerung an unseren Schulbeginn? Wie ist die Schulzeit für uns gewesen? Woran erinnern wir uns gern? Was haben wir gehaßt? Was wünschen wir unseren Kindern? – Natürlich, daß sie Spaß am Lernen haben und viel damit erreichen.

Die meisten Kinder fühlen sich bei der Einschulung richtig „groß“. Sie gehören jetzt nicht mehr zu den „Kleinen“ im Kindergarten, sondern tauschen für ein paar Stunden gern die Sandschaufel gegen den Bleistift aus. Sie können in der Regel schon ihren Namen schreiben und kleine Rechenaufgaben mit den Fingern lösen. Sie sind ganz gespannt darauf, endlich selbst lesen zu können und auf viele Fragen eine Antwort zu bekommen.

Leider kommt es auch vor, daß die Hochstimmung bald sinkt, der Eifer nachläßt, und die Kinder sich nicht so in das neue Umfeld einfügen, wie wir Eltern es uns wünschen. Vielleicht erkennen Sie Ihr Kind in einem der folgenden Beispiele wieder.

Tim *geht die ersten Tage gern in die Schule. Nach zwei Monaten klagt er aber immer öfter über Bauchschmerzen. Er will nicht mehr allein zur Schule gehen. Jeden Nachmittag gibt es Ärger bei den Hausaufgaben: Tim will nicht anfangen, er diskutiert und muß von seiner Mutter ständig zum Weitermachen aufgefordert werden. Durch die täglichen Reibereien hängt der Familiensegen schief.*

Pascals *Mutter erzählt: „Pascal hat sich seit seiner Einschulung vor einem halben Jahr sehr verändert: Er traut sich nichts mehr zu, ist aggressiv zu anderen Kindern und verweigert bei der Kunstlehrerin vollkommen die Mitarbeit. Er wird ständig von der Lehrerin ermahnt und von den Klassenkameraden ausgelacht, weil er noch nicht so gut lesen kann. Wir erkennen unseren Sohn überhaupt nicht wieder.“*

Max, *den Sie schon von der Einschulungsuntersuchung kennen, geht zwar noch ganz gern zur Schule, meckert aber ständig über die „doofe Lehrerin“. Sie schimpft jeden Tag mit ihm: Er sitzt nicht still, springt dauernd auf, foppt andere Kinder und redet unaufhörlich dazwischen.*

Max denkt: „Schon wieder hat sie mich auf dem Kieker. Immer ich!“ Er kann es nicht mehr hören und schaltet auf Durchzug. Dadurch bekommt er meistens nicht mit, was als Hausaufgabe zu machen ist. Der nächste Ärger ist vorprogrammiert.

Wenn es Ihrem Kind ähnlich geht wie Tim, Pascal oder Max, dann stehen Sie nicht allein da.

Solche Schilderungen von Eltern erleben wir jeden Tag in der Praxis. Was tun? Im Gespräch tauchen viele Fragen auf:

- Haben wir unser Kind nicht richtig erzogen?
- Ist die Umstellung unseres Kindes auf die Schule mit festen Arbeitszeiten zu schwer?
- Ist es vielleicht überfordert?
- Ist die Lehrerin zu streng?

- Braucht unser Kind andere Lernmethoden?
- Kann es oder will es nicht lernen?

Darüber hinaus interessiert uns:
- Benimmt sich das Kind auffällig?
- Kann es konzentriert arbeiten?
- Hat das Kind ein Lernproblem oder eine Verhaltens-Störung?
- Warum gibt es in einzelnen Fächern starke Leistungs-Schwankungen?
- Könnte das Kind neben der Schule andere seelische Belastungen haben? Wird es geärgert? Gibt es familiäre Probleme?
- Wie sieht es seit der Einschulung mit der Freizeit aus? Bleibt ihm genug Zeit, sich nachmittags auszutoben und sich von der Schule „zu erholen“?

In den letzten Jahren haben wir viele Kinder mit Schulproblemen kennengelernt. Durch genaue Untersuchungen ihrer Entwicklung und ihres Leistungsvermögens konnten wir die besorgten Eltern zunächst meist beruhigen.

In der Regel verfügten die Kinder über eine „normale“ Intelligenz, waren also weder dümmer noch schlauer als ihre gleichaltrigen Schulkameraden.

Allerdings haperte es bei einigen Kindern an der Aufmerksamkeit und an der Arbeits-Organisation. Bei den Hausaufgaben hatten sie jedesmal das Gefühl, vor einem riesigen Berg Arbeit zu sitzen, den sie nie schaffen würden. Wie können diese Kinder lernen, ohne nervenaufreibende Diskussionen zügig und konzentriert ihre Aufgaben zu erledigen?

Auch hier kommen Sie mit Befehlen und Anordnungen nicht weiter. Sie müssen Ihrem Kind helfen, seine Arbeit und seine Gedanken zu sortieren. Dafür braucht Ihr Kind anfangs Hilfestellungen, damit es sich nicht in einem Wirrwarr von Hilflosigkeit, Unlust und Ängsten verliert. Wie Sie Ihr Kind unterstützen können, erfahren Sie detailliert in den Kapiteln 5 bis 7.

Manchmal stellt sich bei genauerem Nachforschen auch heraus, daß das sogenannte „Schulproblem“ mit dem Lernen gar nichts zu tun hat, sondern die Ursache im Umfeld des Kindes gesucht werden muß. Bei einigen wenigen Kindern schließlich wird jedoch eine „spezielle Lernstörung“ festgestellt. Mehr darüber erfahren Sie in Kapitel 8.

Alle Eltern, die wir in unserer Praxis kennenlernen, haben eins gemeinsam: Sie sind von den Lern-, Konzentrations- und Verhaltens-Störungen ihrer Kinder sehr betroffen. Und sie sind immer bemüht, möglichst schnell Hilfen und Erklärungen für das Verhalten ihres Kindes zu finden.

Leider werden sie oft auch von „Fachleuten“ mit den widersprüchlichsten Ratschlägen konfrontiert: „Das wird schon werden“ – „Ihr Kind ist ein Spätentwickler“ – „Sie müssen mit Ihrem Kind zu Hause mehr üben und Geduld haben“ – „Sie müssen strenger sein“ – „Lassen Sie Ihr Kind Bewegungsübungen lernen, damit das Gehirn besser aktiviert werden kann“ – und, und, und ...

Für sie persönlich existiert allerdings nur eine einzige Frage: „Was ist für mein Kind richtig?“. In den folgenden Kapiteln werden wir Ihnen von unseren Erfahrungen berichten, Orientierungs-Hilfen anbieten und Lösungen an die Hand geben.

- **Schlußfolgerung**:
  Wenn es in der Schule Probleme gibt, muß es nicht nur am Lernstoff liegen. Sie werden vielleicht mit – meist gutgemeinten – Ratschlägen überhäuft, doch Pauschal-Rezepte gibt es nicht. Einfühlsames Herantasten und individuelle Hilfe sind wichtige Voraussetzungen für gezielte Förderung oder eine erfolgreiche Behandlung.

Kapitel 1: Das Wichtigste in Kürze

- Das „normale" Kind gibt es nicht. Es ist eine Erfindung der Statistiker. Was für andere „normal" ist, muß auf Ihr Kind noch lange nicht zutreffen. Jedes Kind – auch ihr Kind – ist ein Individuum mit einer eigenen, ganz persönlichen Entwicklung.

- Kinder entwickeln sich nicht nur unterschiedlich schnell, sondern auch mit unterschiedlichen Begabungen. Abweichungen vom Durchschnitt müssen nicht unbedingt alarmierend sein. In der Regel verfügen die Kinder über eine normale Intelligenz, sind also weder dümmer noch schlauer als die „durchschnittlichen" Gleichaltrigen.

- Beim Wechsel vom Kindergarten in die Schule ändern sich die Anforderungen, die an Ihr Kind gestellt werden. Durch Training von Konzentration und Aufmerksamkeit können Sie Ihr Kind gezielt auf die Schule vorbereiten.

- Nicht alle Probleme, die in der Schule auftreten, haben mit dem Lernstoff oder dem Lernverhalten Ihres Kindes zu tun.

2

Wie lernen wir – und wie entwickeln wir uns?

In diesem Kapitel erfahren Sie...

- wie unser Gehirn die Flut der Informationen aufnimmt, sortiert und verarbeitet
- welche wichtigen Voraussetzungen wir für erfolgreiches Lernen schaffen können
- warum es wichtig ist, daß Ihrem Kind das Lernen Spaß macht

Das Gehirn: Ein Blick hinter die Stirn des Menschen

Warum fällt meinem Kind das Lernen so schwer? Wie kann ich meinem Kind das Lernen leichter machen? Um auf diese Fragen eine Antwort zu finden, sollten Sie einmal einen Blick hinter die Stirn des Menschen tun – einen Blick ins Gehirn. Wenn Sie wissen, wie das Gehirn arbeitet, dann können Sie auch besser verstehen, wie das mit dem Begreifen, Denken, Behalten und Handeln funktioniert, worum es beim Lernen eigentlich geht – und worauf es beim „Lernen lernen" ankommt.

Unser Gehirn, diese „Denk- und Lernmaschine", ist, wie der Nobelpreisträger John Eccles sagt, „der Kern des Geheimnisses Mensch".

Bevor wir uns auf den Weg in das Innere der Gehirnwindungen machen, schauen wir uns zunächst einige „Äußerlichkeiten" an. Im Durchschnitt wiegt das Gehirn bei einem Erwachsenen rund 1.500 bis 1.600 Gramm, das sind nur etwa 2% des Körpergewichts. Das Gewicht sagt allerdings nicht unbedingt etwas über Intelligenz und Entwicklungs-Möglichkeiten aus. Denn dann wären Elefant und Wal wahre Intelligenzwunder. Ihre Gehirne sind mit 5.000 Gramm mehr als dreimal so schwer wie unser Denkzentrum. Auch einer der bedeutendsten Denker – Immanuel Kant – brachte es nur auf ein „Durchschnittsgehirn" von knapp 1.600 Gramm.

Das Gehirn ist mit dem „Kabelsystem" Rückenmark verbunden und bildet mit ihm zusammen die Kommando- und Steuerzentrale aller wichtigen Lebensvorgänge. Im Laufe der Geschichte über Millionen von Jahren hat sich das Gehirn schrittweise entwickelt. Es begann bei den niederen Lebewesen mit ein paar tausend Einzelzellen, die sich darauf spezialisierten, Informationen auf andere Zellen zu übertragen – die ersten **Nervenzellen**.

Aus diesem ersten „Minigehirn" ist vor rund 1,5 Milliarden Jahren der älteste Teil unseres Gehirns entstanden, das **Stammhirn**. Es steuert alle grundlegenden Lebensfunktionen vollautomatisch, ohne unser bewußtes Zutun, z.B. das Atmen, die Kreislaufregulation, den Wach-Schlafrhythmus, Reflexe und automatische Reaktionen. Das benachbarte **Kleinhirn** übernimmt die Koordination von Nachrichten aus den Sinnesorganen und der Großhirnrinde. Es stimmt unsere Bewegungsabläufe ab und hält uns zusammen mit dem Gleichgewichtssinn in der Balance. 500 Millionen Jahre nach der Entwicklung des Stammhirns bildete sich das **Zwischenhirn** aus. Hier sind viele wichtige Schaltstationen für weitere Lebensvorgänge und Gefühle vereint. So verknüpft es jeden von der Außenwelt kommenden Sinneseindruck mit einem Gefühl: mit Freude oder Angst, Lust oder Schmerz.

Vor 500.000 Jahren schließlich entstand das **Großhirn**. Es besteht aus zwei **Großhirnhälften**, die für unsere Denkvorgänge die Hauptrolle spielen. Diese zwei spiegelbildlichen Hälften tauschen über einen bleistiftdicken Nervenstrang Informationen aus. Im Großhirn sitzen Bewußtsein, Persönlichkeit und Willen. Hier werden alle wahrgenommenen Eindrücke verarbeitet, so daß wir kombinieren, wiedererkennen, uns erinnern, denken und vergessen können. Diese phantastischen Fähigkeiten ermöglichen das Lernen.

Der **linken Hirnhälfte** sind folgende Funktionen zugeordnet:
- Logisches Denken
- Arbeiten mit Zahlen, Begriffen und Mengen
- Sprechen
- Folgerichtiges und analytisches Vorgehen

Die **rechte Hirnhälfte** ist für folgende Funktionen zuständig:
- Einsatz von Phantasie und Intuition
- Ganzheitliches Denken
- Raumorientierung
- Künstlerische Fähigkeiten
- Einsicht und Einbeziehen von Gefühlen und Empfindungen

Das bedeutet allerdings nicht, daß all das dort Wahrgenommene ausschließlich auch dort gespeichert und verarbeitet wird. Es gibt individuelle Varianten und Verknüpfungen. Unser Gehirn und seine Verschaltungen sind so komplex und besonders bei Kindern so variabel, daß z.B. Linkshändern kein größeres Risiko für Lernschwierigkeiten angedichtet werden sollte.

Die Welt der „grauen Zellen"

Wenn wir tiefer in diese Mikrowelt eindringen, stoßen wir auf die einzelnen Nervenzellen, ihre Verbindungen und Verdrahtungen: Die Windungen unseres Großhirns bestehen aus über 15 Milliarden der berühmten „grauen Zellen". Eine astronomische Zahl.

Stellen Sie sich nun unser **Nervensystem** als ein weitverzweigtes **Telefonnetz** vor. **Schaltzentrale** ist das **Gehirn**, das **Rückenmark** ist die zentrale **Leitungsbahn**. Die aus vielen einzelnen Nervenzellen gebildeten Nervenfasern, die allesamt ins Rückenmark hinein- und wieder herausführen wie die feinen Äste eines Baumes, sind die einzelnen **Telefonleitungen**. Alle Fasern aus diesem Verbindungsnetz zusammengenommen bilden eine Strecke von 500.000 Kilometern Länge, länger als die Entfernung von der Erde zum Mond – und das in unserem Kopf!

Pro Sekunde gelangen etwa 10 Millionen Informationen in unser Gehirn – das sind rund 100 Billionen im Laufe des ganzen Lebens. Diese Eindrücke aus der Außenwelt werden über unsere Sinnessysteme vermittelt und mit „körpereigenen" Empfindungen wie Freude oder Schmerz verbunden. Über unser „Telefonnetz" aus Nervenzellen werden sie dann ans Gehirn gemeldet. All diese Nervenzellen übertragen – ähnlich wie beim richtigen Telefonnetz – elektrische Impulse. Dazu wird jede einzelne Zelle einer Leitung „nervös erregt" oder „gereizt" – oft auch viele Zellen gleichzeitig. Das erklärt, daß schon ein einzelner Klang, ein Wort, eine Erinnerung, eine Berührung unsere Aufmerksamkeit wecken, innere Bilder, Gedanken, Gefühle und Reaktionen aktivieren kann – und zwar alles im selben Moment.

Die Übertragung ist ein elektrischer Impuls. Der durch die Zelle fließende Strom ist ungefähr eine Million Mal schwächer als unser Haushaltsstrom. Aber selbst diese schwache elektrische Aktivität können wir heute messen und uns damit ein Bild von der Hirnreifung machen.

Zwischen den Nervenzellen sitzen Schaltstellen – die *Synapsen*. Sie funktionieren wie Schalter, die auf bestimmte Signale hin einen Kontakt herstellen oder unterbrechen. Etwa 500 Billionen solcher „Schalter" sorgen dafür, daß wir gezielt denken, uns erinnern und bewußt handeln können.

Im Laufe unserer Entwicklung bilden sich bei jedem neuen Eindruck und jedem Lernschritt immer mehr Verbindungskabel und Schaltstellen zwischen den Nervenzellen aus. Dabei spielen sowohl die Erbanlage als auch die Umwelt – und das Zusammenspiel zwischen beiden – eine große Rolle. Dieses Zusammenspiel wird an den beiden folgenden Beispielen deutlich:

***Lena** hat durch ihre Eltern, die beide Musiker sind, eine besondere musikalische Begabung vererbt bekommen. Deshalb wird Lena aber nicht automatisch Konzertpianistin. Sie muß in frühen Entwicklungsphasen ihre Fähigkeiten entdecken und möglichst mit Freude viel üben, um die in ihr schlummernden Talente weiterzuentwickeln.*

*Ihre Freundin **Susanne** hat seit jeher Spaß an der Musik, und sie versucht sich jedesmal, wenn sie bei Lena ist, am Klavier. In Susannes Familie gibt es weder Berufs- noch Hobbymusiker. Dennoch kann auch Susanne – ohne ererbte Talente – mit Freude und Fleiß musikalische Grundkenntnisse erlangen und mit Spaß ein Instrument spielen lernen.*

Schlummernde Talente – wie bei Lena – entfalten sich nur dann, wenn man sie nicht schlummern läßt, sondern weckt, fördert und weiterentwickelt. Aber auch Kinder wie Susanne können in Bereichen etwas erreichen, in denen sie kein Talent in die Wiege gelegt bekommen haben. Wenn sie entsprechende Impulse, Anregungen und Entwicklungs-Angebote bekommen.

Unser Gehirn, und damit unsere Fähigkeiten, entwickeln sich ständig weiter. Deshalb können wir täglich Neues lernen – und darum können unsere Kinder auch das Lernen lernen.

Unsere Sinne sind unsere Antennen

Wir entwickeln uns ständig weiter – aber wie? Welche Eindrücke, die Tag für Tag auf uns einstürmen, behalten wir und fügen sie in unsere bisher „erarbeitete“ innere Welt ein? Wie lernen wir Buchstaben zu erkennen, sie zu benennen und zunächst Wörter und dann einen vollständigen Satz zu lesen und zu schreiben?

Wenn Sie diesen Text lesen können, dann deshalb, weil sich bei Ihnen der „Leseprozeß“ automatisiert hat. Sie müssen nicht mehr jeden einzelnen Buchstaben analysieren und mühsam mit den vorhergehenden zusammenfügen. Sie erkennen mit einem Blick ganze Wörter und ganze Sätze, verbinden diese mit den Bedeutungsinhalten aus Ihrem Gedächtnis und „lernen“ so neue Zusammenhänge kennen.

Wenn Sie aber den Inhalt dieser Sätze in mehreren Wochen noch wissen möchten, müssen Sie Interesse daran haben **(Lernmotivation)** und es in Ihrem Langzeitgedächtnis abspeichern **(Merkfähigkeit)**.

So geht es jedem Kind mit dem Lernen von neuen Dingen. Um etwas Neues zu lernen, brauchen wir neue Informationen. Diese Informationen erreichen uns über unsere **Sinnessysteme**, die Wahrnehmungen bzw. Eindrücke möglich machen und unser Gehirn mit Angeboten versorgen.

Wir haben mehrere Sinnessysteme – „Antennen-Anlagen“, die auf verschiedenen Kanälen und Frequenzen empfangen:

- **Körper- und Bewegungssinn**
  Er führt dem Gehirn Informationen von Haut, Muskeln und Gelenken zu, damit unsere Bewegung optimal gesteuert werden kann.
- **Gleichgewichtssinn**
  Er vermittelt uns Informationen über unsere Stellung im Raum. Er registriert z.B., ob wir auf dem Boden stehen, Kopfstand machen oder gerade hin und her schaukeln.
- Durch das **Hören** registrieren wir Laute, Klänge und Sprache, erkennen diese wieder und fügen sie – etwa zu einem Lied – zusam-

men. Diese Hörwahrnehmung ist besonders wichtig beim Erlernen von Sprache. Wir wissen, daß Kleinkinder Sprache zunächst relativ perfekt verstehen und Laute voneinander unterscheiden können, ehe sie selbst Wörter und Sätze sinnvoll produzieren können.

- Durch das **Sehen** verarbeiten wir vom Auge aufgenommene Seheindrücke. Wir erkennen nicht nur Dinge wieder, sondern können uns auch Aneinanderreihungen von Zeichen, wie etwa unsere gebräuchlichen Buchstaben, merken. Dieses „fotografische Gedächtnis“ erleichtert uns das Lesen.
- Die beiden Sinnessysteme **Schmecken** und **Riechen** vernachlässigen wir an dieser Stelle, da sie in unserer Kultur beim Lernen nur eine untergeordnete Rolle spielen.

Die von den Sinnesorganen aufgenommenen Informationen werden über unsere Nervenbahnen dem Gehirn zugeleitet und miteinander in verschiedenen Hirnregionen verschaltet. Dieses System bildet die Grundlage für Kommunikation und damit auch für das Lernen.

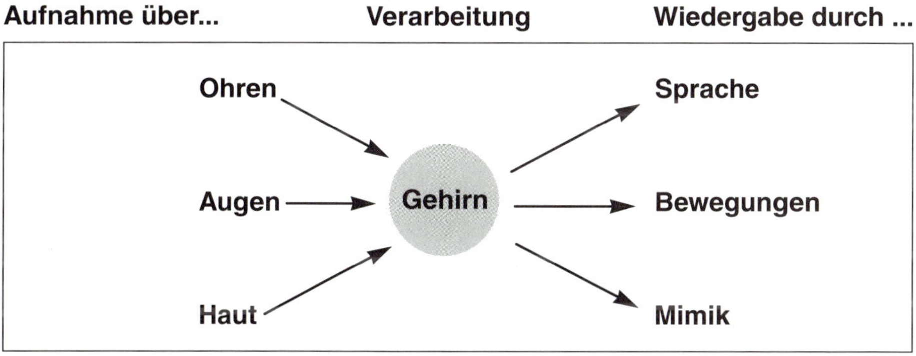

Über unsere Sinnesorgane, wie Ohren, Augen und Haut, werden Eindrücke von außen aufgenommen und ins Gehirn geleitet. Hier werden sie gesammelt, sortiert und ausgewertet. Die verarbeiteten Informationen werden dann wieder durch Sprache, Gestik und Mimik nach außen abgegeben.

Wahrnehmen – Sortieren – Weiterleiten: „Ordnung muß sein"

Damit unsere Sinnesorgane nicht alle Informationen gleichzeitig wahrnehmen, brauchen wir ein vorgeschaltetes **Ordnungszentrum**, das die verschiedenen Reizangebote filtert, bündelt und gewichtet. So versinken wir nicht im Chaos der „Datenschwemme", sondern organisieren unsere Eindrücke und lagern sie in entsprechenden Schubladen ab.

Dieses sogenannte „gezielte Wahrnehmen einer äußeren Ordnung" führt zu einer inneren Ordnung und damit zum Verstehen der Welt.

> ***Philipp*** *ist ein recht lebhafter Junge. Er ist immer aktiv, und ihm kann nichts schnell genug gehen. Sein Schreibheft sieht chaotisch aus. Oft muß er etwas durchstreichen oder „wegkillern". Beim Abschreiben läßt er in der Eile ganze Silben oder Wort-Enden weg.*

Beim genauen Analysieren seines Arbeitsverhaltens stellten wir fest, daß Philipp sich sehr schnell durch jedes kleine Geräusch ablenken läßt. Häufig findet er beim Abschreiben die Zeile mit den Augen nicht mehr wieder. Und beim Diktat hört er auch nicht genau hin.

Er hat weder einen Seh- noch einen Hörfehler – er kann sich nur nicht auf einen „Aufnahmekanal", z.B. das Hinschauen und Registrieren eines Wortes beim Abschreiben, konzentrieren. Sein Aufnahmefilter im Ordnungszentrum arbeitet nicht fein genug. Er schaltet die Umgebungs-Geräusche nicht in den Hintergrund, sondern scheint sich in den vielen eintreffenden Informationen zu verlieren. Dadurch reagiert Phillip ganz nervös.

Er muß lernen, sich und seine Arbeit besser zu organisieren. Damit die Flüchtigkeitsfehler verschwinden, sollte er seine Augen bewußt auf dem Papier halten und sich nur die einzelnen Wörter zum Abschreiben anschauen. Um das zu lernen, hat Phillip einen Kniff angewandt: Er hat einfach die anderen Wörter und Zeilen mit einem weißen Blatt Papier abgedeckt.

Darüberhinaus hat Phillip gelernt, daß er besser zuhören kann, wenn er gleichzeitig Blickkontakt zur Lehrerin hat. Seit er diese Ratschläge beachtet und kleine Hilfestellungen durch die Lehrerin bekommt, klappt vieles schon besser. Auch zu Hause übt er bei vielen Gelegenheiten. Er läßt er sich kaum noch ablenken und hat sich im Zeugnis in seiner mündlichen Mitarbeit und seinem Arbeitsverhalten um zwei Noten verbessert.

Unser Gedächtnis: Ein „Schrank voller Aktenordner"

Noch nie wurde unser Gehirn – und besonders das unserer Kinder – mit so vielen Informationen überflutet wie heute. Durch hektischen Verkehr in der Stadt, durch Fernsehen und wechselnde Aufenthaltsorte wie Kindergarten, Spielplatz oder die Wohnung von Freunden sind auch unsere Kinder schon einer vielfältigen Reizkulisse ausgesetzt. Nicht alle Wahrnehmungen interessieren uns. Wer neue Eindrücke verarbeiten will, muß deshalb Wichtiges blitzschnell von Umwichtigem unterscheiden und das Wichtige gezielt abspeichern können. Das gelingt aber nur dann, wenn die Informationsflut sinnvoll einsortiert wird. Im Gedächtnis werden quasi „Aktenordner" für alle neuen Informationen und Lerninhalte angelegt. Natürlich müssen diese Ordner immer wieder ergänzt und umgruppiert werden.

Wir alle wissen, daß wir beim Lesen eines Buches oder nach einem Gespräch nicht alle Einzelheiten exakt behalten können. Das ist auch gar nicht nötig. Wichtig ist es, die Hauptidee zu erfassen und den „roten Faden" abzuspeichern. Wer gleichzeitig mehrere Dinge tut oder sich stören und ablenken läßt, kann Informationen weniger genau aufnehmen und wiedergeben. Und das erschwert natürlich das Lernen.

Wer also erfolgreich lernen will, muß seine gedanklichen „Aktenordner" im Kopf in Ordnung haben.

Wie aber machen wir das mit dem Anlegen von „Aktenordnern"? Wie funktioniert unser Gedächtnis? Oft hört man den bedauernden Satz: „Ich kann mir ausgerechnet nur das merken, was ich mir nicht unbedingt merken will, und vergesse prompt das, was ich unbedingt behalten soll."

Geht Ihnen das auch so? Dann versuchen Sie einmal, die folgenden Fragen zu beantworten:

- Wie lautet die Hauptschlagzeile auf der Titelseite der Zeitung von heute?
- Wissen Sie noch, was sie gestern den ganzen Tag gemacht haben?
- Wissen Sie im Supermarkt immer noch, was Sie einkaufen wollten?
- Mit wem haben Sie heute im Büro alles telefoniert?
- Mit welcher Meldung begann gestern abend die Tagesschau?
- Erinnern Sie sich noch, was Sie vorgestern abend gegessen haben?

Nehmen Sie sich ruhig ein paar Minuten Zeit. – Sie wissen alle Antworten? Glückwunsch! Sie haben ein phänomenales Gedächtnis.

Die meisten Menschen können solche Fragen nicht auf Anhieb richtig beantworten – und das ist ganz normal. Unser Gedächtnis ist eben wie eine Schublade, die manchmal klemmt. Vor allem, wenn unser Gehirn von Reizen geradezu überflutet wird, z.B. in besonders hektischen und stressigen Zeiten. Und auch dann, wenn Sie etwas tun oder hören, das Sie nicht sonderlich interessiert. Sie sind dann eigentlich nicht „bei der Sache“ oder haben, z.B. beim Fernsehen oder beim Telefonieren, sogar auf „Durchzug“ geschaltet.

Das ist auch bei unseren Kindern nicht anders. Auch sie sind nicht immer „bei der Sache“. Auch sie schalten manchmal „auf Durchzug“. Unsere „lieben Kleinen“ verhalten sich also im Grunde genauso wie wir. Allein diese simple Erkenntnis hilft Ihnen schon, Ihr Kind besser zu verstehen, wenn es sich mal nicht so konzentriert, wie Sie es gern hätten. Und Verständnis ist das Wichtigste, wenn Sie Ihrem Kind beim Lernen helfen wollen.

Damit unsere Gedächtnis-Schublade nicht überquillt oder klemmt, müssen wir unsere Aufmerksamkeit gezielt auf die Informations-Aufnahme richten, die Eindrücke sortieren und Lust haben, sie ordentlich abzulegen.

Zum Lernen brauchen wir:

- **Konzentration:**
  Informationen aufmerksam aufnehmen

- **Struktur:**
  Eindrücke gliedern und sortieren

- **Lernmotivation:**
  Lust haben, die Informationen und Eindrücke ordentlich in „Aktenordner" abzulegen

Das spielt nicht nur beim Lernen und Behalten in der Schule eine Rolle, sondern in allen Lebenslagen – auch für uns Erwachsene. Wenn wir Erwachsenen mal nicht „bei der Sache" sind, geschieht das ja auch nicht in böser Absicht, sondern weil wir durch andere Dinge abgelenkt sind. Auch Max, den Sie inzwischen kennen, gibt sein Bestes – aber leider ohne Erfolg:

***Max** hat gerade Mathe. Alle Kinder sollen ihr Rechenheft aufschlagen und das vierte Kästchen auf Seite 5 bearbeiten. Max bekommt die Aufforderung nicht mit – auch dann noch nicht, als die Lehrerin die Stimme erhebt, die Stirn kraus zieht und ihre Anweisung etwas lauter wiederholt. Dieses kombinierte akustische und optische Signal löst bei den meisten Schülern erhöhte Wachsamkeit aus. Sie hören auf zu quatschen und holen ihr Rechenheft heraus. Max hat zwar die gleichen Signale bekommen, deren ernste Bedeutung aber nicht erfaßt. Er stört weiter seine Nachbarin und schnipst Papierkugeln in die Klas-*

se, blickt sogar dabei die Lehrerin freundlich an. Die Lehrerin ist mit ihrer Geduld am Ende. Es gibt für Max – wie fast jeden Tag – ein Donnerwetter. Max ist ehrlich erschrocken und bestürzt, daß er schon wieder den Ärger der Lehrerin auf sich gezogen hat. Er wollte doch heute besonders gut aufpassen.

Max eckt häufig an, da er sich nicht gleichzeitig auf das gesprochene Wort der Lehrerin konzentrieren und ihre Gesten erfassen kann. Es fällt ihm schwer, den Nachdruck in der Stimme der Lehrerin zu erkennen und ihre Anweisungen zu befolgen. Wenn er lernt, Ohren und Augen gleichzeitig „einzuschalten“, werden ihm die Anweisungen nicht so schnell entgehen.

Ultrakurzzeit-, Kurzzeit- und Langzeit-Gedächtnis

Zurück zum Gedächtnis und seiner Funktion. Eines vorweg: Wir haben nicht nur **ein** Gedächtnis, sondern **drei** verschiedene, die sich gegenseitig in ihrer Arbeit unterstützen und ergänzen: Das **Ultrakurzzeit-Gedächtnis**, das **Kurzzeit-Gedächtnis** und das **Langzeit-Gedächtnis**.

Im Zeitalter des Computers können wir uns das Gedächtnis als einen Speicher vorstellen, in dem wichtige Informationen aller Art abgelegt und bei Bedarf wieder abgerufen werden können. Wir haben sie dann auf unserem inneren Bildschirm, der Erinnerung, präsent – vor unserem „geistigen Auge“ also.

Alles, was wir sehen, hören, spüren, fühlen, wird dem Gehirn von unseren Sinnes-Systemen über die Nervenbahnen gemeldet. So „verdaut“ unser Gehirn in jeder Sekunde Millionen von Sinnes-Eindrücken – wenn wir wach sind natürlich mehr als im Schlaf. Die meisten sind unwichtig oder uns auch nicht bewußt. Dennoch werden sie vom Gehirn gespeichert – in unserem **Ultrakurzzeit-Gedächtnis**. Der Grund für die ultrakurze Speicherung auch scheinbar unwichtiger Informationen: Wir könnten weder Wörter noch Sätze verstehen, wenn jeder Buchstabe unmittelbar nach dem Lesen bereits wieder vergessen wäre. Wir brauchen die kurzfristige Abspeicherung, um z.B. Buchstaben zu einem Wort und Wörter zu einem Satz zusammenzubringen.

Daß wir nicht alles behalten, rettet uns vor dem „Ertrinken“ in der Flut auf uns einstürmender Informationen. Wir wären hoffnungslos überfordert und orientierungslos, wenn wir alles behalten würden.

Während Sie diesen Text lesen, spielen Ihre Kinder vielleicht „Vater, Mutter, Kind“, in der Küche läuft das Radio, und es dringt vielleicht Kaffeeduft zu Ihnen. Zwischendurch ändern Sie mehrfach Ihre Körperhaltung, weil Sie unbequem sitzen. Sie nehmen aber weder die Gespräche Ihrer Kinder noch die Geräusche oder den Duft aus der Küche bewußt wahr. Sie achten auch nicht direkt auf Ihre Körperhaltung. Der Grund: Ihr Ultrakurzzeit-Gedächtnis arbeitet wie ein Pförtner, der jeden neu eintreffenden Sinneseindruck darauf überprüft, ob er wichtig genug ist, eingelassen zu werden. Diese Auswahl dauert nur ein paar Sekundenbruchteile. Die meisten Sinneseindrücke werden nach diesem „Check“ wieder gelöscht und vergessen.

Unser Dauerspeicher ist das **Langzeit-Gedächtnis**. Informationen werden darin wie in einer Datenbank archiviert. Wir „prägen uns etwas ein“ und „behalten“ es als eine immer wieder abrufbare Information. Das Langzeit-Gedächtnis ist der wichtigste Teil unseres „Gesamtgedächtnisses“.

Das Speichern klappt übrigens besser, wenn Sie das Neue mit bereits Erlebtem, mit eigenen Erfahrungen und Erinnerungen in **Verbindung** bringen können. Sicherlich fallen Ihnen dazu jede Menge eigene Beispiele ein.

Jeder weiß auch aus eigenen Erfahrungen, daß für Ereignisse, die mit starken emotionalen Eindrücken verbunden sind, oft nur eine einmalige Aufnahme zur dauerhaften Speicherung genügt. Wir werden uns auch noch im hohen Alter daran erinnern und davon erzählen können.

Eine weitere Voraussetzung für die Aufnahme in den Langzeitspeicher ist die **Wiederholung.** Erinnern Sie sich einmal an Ihre Schulzeit. Die Vokabeln „saßen“ erst richtig, wenn man sie oft wiederholt und „eingepaukt“ hatte: Manche lernten durch ständiges Aufsagen (*auditiver* Lerntyp), andere eher über ihren „Sehkanal“ (*visueller* Lerntyp), indem sie die Wörter häufig geschrieben und gelesen haben.

Zwischen das Ultrakurzzeit- und das Langzeit-Gedächtnis ist noch ein weiterer Filter geschaltet: das **Kurzzeit-Gedächtnis** – ein Zwischenspeicher, der nach dem Prinzip arbeitet: „Alles wegwerfen, aber erst nach und nach – wenn es nicht mehr gebraucht wird." Das erleben Sie täglich: Morgens nehmen Sie sich vor, Lebensmittel für abends einzukaufen. Bis zum Einkauf werden Sie alles behalten. Danach vergessen Sie nach und nach, was Sie gekauft haben.

Das Kurzzeit-Gedächtnis speichert Informationen für ca. 24 Stunden. Danach wird die Information entweder wieder gelöscht oder, wenn sie wichtig genug ist, an das Langzeit-Gedächtnis zur Speicherung weitergegeben.

Wir wünschen jedem Schulkind, daß die „Langzeitabspeicherung" möglichst gut und schnell klappt. Wie bequem ist es, Wörter auf den ersten Blick zu erkennen oder ganz schnell Zahlen aus dem Einmaleins abzurufen!

Das Sortieren von Reizeindrücken – das bewußte Konzentrieren – ist die wichtigste Startbedingung beim Lernen.

Testen sie einmal selbst, wie viele Ziffern Sie sich in der richtigen Reihenfolge merken können: 714212835424956.

Schauen Sie 10 Sekunden hin, und schreiben Sie sie dann auf ein Blatt Papier. – Hat es geklappt?

Nur, wer schon etwas mit Tricks und Kniffen vertraut ist, wird selbst mit dieser 15stelligen Zahl keinerlei Schwierigkeiten haben. Er hat ganz schnell durchschaut, daß in dieser Zahlenfolge die Ziffer 7 eine entscheidende Rolle spielt: 7-14-21-28-35-42-49-56 – die Siebener-Reihe.

Natürlich geht das Merken von Zahlenreihen nicht immer so glatt. Auch für solche Fälle gibt es Hilfen: Setzen Sie jede Zahl in ein angenehmes Bild um. Denn Bilder kann man sich am leichtesten merken.

Hilfreich ist oft schon, sich Zahlen innerlich geschrieben vorzustellen. Kinder lernen so auch, Wörter richtig zu schreiben. Sie erinnern sich an das „Wortbild" und sehen nach dem Schreiben, ob es „richtig" oder „irgendwie komisch" aussieht. Sie verbinden Höreindrücke mit innerlichen Seheindrücken. Dadurch arbeitet ihr Langzeit-Gedächtnis mehr als doppelt so gut.

Da die Verschaltungen und die Schwerpunkte in der Informations-Aufnahme und der Wahrnehmungs-Verarbeitung individuell variieren und unterschiedlich ausgeprägt sein können, gibt es unterschiedliche „**Lerntypen**".

Manche Kinder können viel besser schreiben, wenn ihnen etwas diktiert wird. Sie können sich Gehörtes sehr gut merken, weil sie über ihren „Hörkanal" lernen. Andere dagegen merken sich am besten Zahlen, wenn sie sie lesen können – und sei es auch nur mit dem „geistigen Auge". Diese Kinder lernen über ihren „Sehkanal" oder über ihr „fotografisches Gedächtnis".

Wieviel wir behalten:

10% von dem, was wir lesen
20% von dem, was wir hören
30% von dem, was wir sehen
70% von dem, was wir hören und sehen
70% von dem, was wir selbst sagen
90% von dem, was wir selbst tun

Aus dieser Liste ersehen Sie, daß das Abspeichern im Langzeit-Gedächtnis am effektivsten ist, wenn wir mehrere Sinneskanäle und Verknüpfungen mit inneren Bildern gleichzeitig benutzen.

Zum Beispiel ergeben Hören (20%) plus Sehen (30%) nicht 50% (wie es rechnerisch richtig wäre), sondern 70%. Das heißt: Wenn wir Bild und Ton synchron aufnehmen und miteinander verknüpfen, steigert das die Gedächtnis-Leistung: 20 plus 30 ergibt dann 70.

Diese Zusammenhänge werden zunehmend in pädagogische und didaktische Überlegungen mit einbezogen. Bei vielen Kindern mit Lernstörungen ist es wichtig, neben dem Sehen und Hören zusätzliche Sinnes-Systeme und verschiedene Verschaltungswege einzusetzen.

Mit positiven Gefühlen und guter Lernmotivation geht auch dieser Prozeß deutlich leichter – nach dem Motto:

„Nur, was man gern tut, tut man gut".

Kapitel 2: Das Wichtigste in Kürze

- In unserem Gehirn werden Informationen wie in einer Schaltzentrale aufgenommen, sortiert und verarbeitet

- Die wichtigste Voraussetzung für die Informations-Verarbeitung im Gehirn ist eine gute Strukturierung und Ordnung. Beides kann man lernen.

- Jeder Mensch lernt über unterschiedlich stark ausgeprägte Lernkanäle seiner Sinnes-Organe. Welche Lernkanäle sich bei Ihrem Kind am besten ergänzen, können Sie leicht feststellen. So können Sie das Lernverhalten Ihres Kindes darauf abstimmen.

- Die Lernmotivation ist wichtig, wenn wir Informationen lange behalten möchten. Nur, was wir gern lernen, lernen wir auch dauerhaft.

3

Ist mein Kind schon schulreif?

In diesem Kapitel erfahren Sie...

- wie die Schulreife Ihres Kindes festgestellt wird
- wie Sie sich unabhängig vom Einschulungstest selbst schon ein Bild vom Entwicklungsstand Ihres Kindes machen können

Jedes Kind wird auf seine Weise schulreif

Jedes Kind wird in unserem Kulturkreis zum „Schulkind“ – und das für mindestens neun Jahre. Bevor es soweit ist, stellen sich viele Eltern von Kindern zwischen 5 und 7 Jahren Fragen wie: Welche Schule soll es besuchen? Wann soll es eingeschult werden? Welche Voraussetzungen muß es für einen erfolgreichen Start ins Schulleben mitbringen?

Sie werden spätestens an dieses Thema erinnert, wenn ein Brief von der zuständigen Grundschule und vom Gesundheitsamt ins Haus flattert und ihr Kind zu einer Schuluntersuchung eingeladen wird.

In Deutschland werden alle Kinder, die bis zum 1. Juli ihren 6. Geburtstag feiern, „schulpflichtig“ und sollten die Grundschule in ihrem Wohngebiet im Sommer nach den Ferien besuchen. Kinder, die zwischen dem 1. Juli und dem 31. Dezember 6 Jahre alt werden, sind sogenannte „Kann-Kinder“. Sie können auf Antrag der Eltern vorzeitig eingeschult werden. Manche Schulleiter verlangen dafür einen Einschulungstest, der ein grobes Bild über die Lernfähigkeit und das Beherrschen von einzelnen Fertigkeiten, z.B. das Malen, Zählen und die Konzentrationsfähigkeit, aufzeigen soll.

„Ist mein Kind schulreif?“ – Diese Frage möchten alle Eltern vor dem Einschulungstag beantwortet haben.

Sie erinnern sich sicherlich noch an Alexander, Robin, Steffi und Erik aus dem ersten Kapitel. Auch deren Eltern möchten eine Antwort auf ihre Fragen finden. Alle vier sind in ihrer Entwicklung und ihren Begabungen sehr unterschiedlich. Alexander ist z.B. beim Ausprobieren von Neuem sehr ängstlich. Er traut sich nicht ins Schwimmbecken. Wenn er dagegen sein Wissen über Autos und die lustige Geschichte aus seinem neuen Buch erzählen kann, ist er nicht mehr zu bremsen. Dann ist er in seinem Element.

Muß Steffi bis zur Einschulung das Fahrradfahren ohne Stützen wirklich beherrschen? Oder reicht es aus, daß sie gern und gut konzentriert die schönsten Bilder malt?

Robin macht nachts manchmal noch ins Bett und schämt sich. Dafür versteht er sehr viel von Tieren und darf sogar beim benachbarten Bauern die

Kaninchen und das Fohlen versorgen – das hatte der Bauer bisher noch keinem anderen Kind erlaubt.

Was ist mit Erik? Er ist kein „Sprachgenie“ und kann das K und das S noch nicht deutlich sprechen. Er lispelt. Andererseits ist er eine erfolgreiche „Sportskanone“.

Wie Sie schon gelesen haben, gibt es verschiedene Lerntypen. Die Sinneskanäle sind verschieden stark ausgeprägt und werden beim Lernen unterschiedlich intensiv eingesetzt. Hinzu kommen die unterschiedlichen Begabungen. Jedes Kind bringt andere Voraussetzungen mit. Jedes Kind hat seine eigene, ganz persönliche Entwicklung. Deshalb seien Sie beim Lesen von Entwicklungs-Tabellen vorsichtig. Auch wenn Ihr Kind bestimmte Durchschnitts-Werte für das entsprechende Alter nicht erreicht, heißt das noch nicht, daß ein Entwicklungs-„Problem“ besteht.

Was aber ist, wenn der erste Schultag näherrückt und Sie das Gefühl haben, Ihr Kind könne sich vielleicht nicht gut eingliedern?

Im Vergleich zum Kindergarten und sonstigen Spielangeboten wird in der Schule manches anders:

Ihr Kind wird nicht einzeln und sehr individuell angesprochen, sondern sitzt mit 20-30 Kindern in einer Klasse zusammen, die alle den gleichen Lernstoff bewältigen sollen. Damit es innerhalb der Klasse nicht zu großen Unterschieden kommt, gibt es Einschulungs-Bedingungen, die für alle Kinder gleich sind. Einige dieser Bedingungen haben wir z.B. für Max im ersten Kapitel schon aufgelistet.

Wie alle Kinder soll natürlich auch Ihr Kind einen guten Start in die Schule bekommen, seinen Spaß am Lernen haben – und ihn auch behalten. Um Schulfrust möglichst gar nicht erst aufkommen zu lassen, schauen wir uns deshalb bei der Frage „Schulreif?“ am besten mehrere Bereiche der Entwicklung genau an.

So erkennen Sie selbst, wie schulreif Ihr Kind ist

Dabei geht es nicht darum, die Kinder in ein Entwicklungs-Schema zu pressen, sondern sich ein Bild darüber zu machen, über welche Start-Bedingungen Ihr Kind verfügt und/oder welche Hilfen Sie – wenn nötig – zu Hause anbieten können.

Die **Denkentwicklung** (*kognitive* Entwicklung) umfaßt das logische Denkvermögen, die Merkfähigkeit, die sprachliche Ausdrucksfähigkeit, die Mengenerfassung, das Zahlenverständnis, die Farb-, Form- und Größenwahrnehmung.

Wenn Sie wissen wollen, wie weit die Denkentwicklung Ihres Kindes ist, prüfen Sie einmal, wie viele der folgenden Fragen Sie mit „Ja“ beantworten können.

- Kennt Ihr Kind alle Farben?
- Hat es schon Interesse an Buchstaben und Zahlen?
- Kann es vielleicht schon seinen Namen schreiben?
- Weiß Ihr Kind seinen Namen und sein Alter?
- Weiß Ihr Kind seine Adresse?
- Kann es bis 10 zählen?
- Kennt es den Würfel und die Würfelzahlen von 1 bis 6?
- Kann es sonst Mengen erfassen?
- Kennt Ihr Kind die Bedeutung von „größer“, „kleiner“, „länger“ und „kürzer“, „mehr“ und „weniger“?
- Kann es Formen, z.B. Viereck oder Dreieck, wiedererkennen und voneinander unterscheiden?
- Kann es sich mehrere Dinge über einen kurzen Zeitraum merken?
- Spielt es gern Memory, Karten- und Würfelspiele oder mit Puzzles?
- Spricht Ihr Kind deutlich, und kann es alle Laute aussprechen?
- Benutzt es beim Erzählen grammatikalisch richtige Sätze?
- Kann Ihr Kind kleine Geschichten nacherzählen?
- Erfindet es eventuell selbst Geschichten?
- Entwickelt Ihr Kind beim Spielen eigene Ideen?

- Kann Ihr Kind z.B. über Streit mit anderen Kindern sprechen?
- Kann es Dinge einfach erklären?

Im Bereich der **körperlichen Entwicklung** und der **Bewegungs-Entwicklung** (*motorische* Entwicklung) geht es um die körperliche Gesundheit. Dazu gehören unter anderem die Körperlänge und das Gewicht, auch wenn sie, wie vielleicht früher bei Ihrer eigenen Einschulung, nicht die Hauptkriterien für Schulreife darstellen. Um zu sehen, wie es mit der körperlichen Entwicklung Ihres Kindes steht, stellen Sie sich einmal die folgenden Fragen:

- Sieht und hört Ihr Kind gut?
- Beherrscht es seinen Körper gut?
- Kann Ihr Kind sich z.B. allein an- und ausziehen?
- Kann es das Gleichgewicht halten und z.B. auf einem Bein stehen?
- Hat es gut koordinierte, „fließende“ Bewegungen, oder ist Ihr Kind „tapsig“ und „tolpatschig“?
- Kann es Bewegungen – z.B. den Hampelmann – nachmachen?
- Kann es rückwärts gehen?
- Kann es mit Buntstiften, Schere und Papier umgehen?
- Kann es den Stift mit Daumen und Zeigefinger halten?
- Malt Ihr Kind gern?
- Kann es Linien nachziehen?
- Kann es einfache Formen und Figuren „heraussehen“ und erkennbar abmalen?
- Kann es die „Mensch-Zeichnung“ malen (siehe Kapitel 1)?

In den Bereich der **sozial-emotionalen Entwicklung** fallen das Kontakt- und Arbeitsverhalten Ihres Kindes, die Aufmerksamkeits-Fähigkeit, sein Selbstbewußtsein und die Lernmotivation. Auch hierzu einige Fragen, die Ihnen als Orientierungs-Hilfe dienen sollen:

- Ist Ihr Kind neugierig und gespannt auf die Schule?
- Freut es sich darauf, etwas Neues zu lernen?
- Kann es Enttäuschungen wegstecken?

- Kann es sich allein beschäftigen?
- Bringt es Dinge zu Ende?
- Kann Ihr Kind aufmerksam zuhören und auch abwarten?
- Kann es konzentriert „arbeiten", auch ohne direkten Kontakt zu einem Erwachsenen?
- Kommt es mit anderen gleichaltrigen Kindern gut klar?
- Kann es sich in eine Gruppe einfügen?
- Kann es sich von Ihnen und der gewohnten Umgebung für mehrere Stunden trennen?
- Schließt Ihr Kind leicht Freundschaften?
- Kann Ihr Kind sich bei Gleichaltrigen behaupten ?
- Ist es selbstbewußt und nicht übervorsichtig?

Wenn Sie die meisten dieser Fragen
- zur Denkentwicklung
- zur körperlichen und Bewegungs-Entwicklung
- zur sozial-emotionalen Entwicklung

mit „Ja" beantwortet haben, können Sie davon ausgehen, daß Ihr Kind fit für die Schule ist und sich wahrscheinlich darauf freut, endlich Lesen, Schreiben, Rechnen und vieles mehr lernen zu können. Um ganz sicher zu sein, können Sie die Fragen noch einmal mit der Kindergärtnerin durchgehen. Auch wenn einige Fragen noch offen bleiben, ist das kein Grund zur Sorge – ein ausführlicher Entwicklungs-Test und die Vorsorgeuntersuchung U9 beim Kinderarzt können Klarheit verschaffen und Ihnen die Sicherheit geben, über den Zeitpunkt der Einschulung die richtige Entscheidung zu treffen.

- **Schlußfolgerung:**
  Die Antwort auf die Frage „Ist mein Kind schon schulreif?" läßt sich nicht anhand einzelner Fähigkeiten – oder auch Schwierigkeiten – entscheiden. Wichtig ist vielmehr, daß Sie ein umfassendes Allgemeinbild von der Entwicklung Ihres Kindes haben.

Zahlreiche Kindergärten bieten den 5jährigen einige Stunden in der Woche ein sogenanntes „Vorschulprogramm“ an. Dabei werden kleine Vorlagen bearbeitet, die Kinder basteln und machen Spiele im Stuhlkreis, die sie mit den Anforderungen der Schule schon etwas vertraut machen.

Viele Kinder möchten solche „Aufgaben“ auch gern zu Hause lösen. Sie sind ganz begeistert beim „Durcharbeiten“ der im Handel erhältlichen Vorschulhefte – mit Blättern zum Ausmalen, Unterschiede-Ankreuzen, Linien-Nachzeichnen, Zahlen-Verbinden, zum Bildergeschichten-Finden, Mengen-Erkennen, und zum Zählen.

Hier sind zwei Beispiele, wie diese Tests aussehen können.

Male immer so viele Figuren aus, wie die Zahl in dem Kästchen angibt.

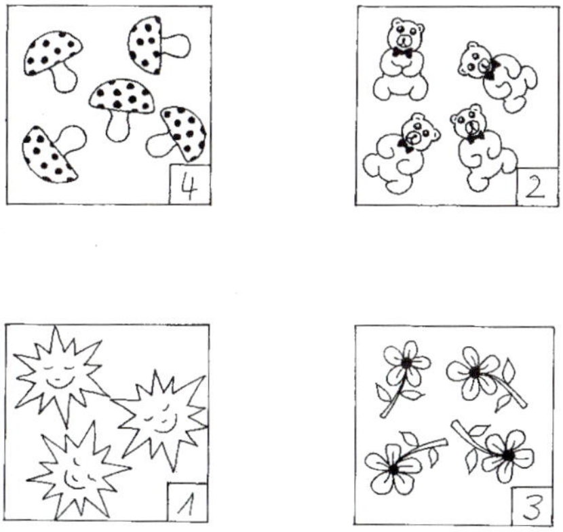

Welchem Kind gehört welches Spielzeug? Verfolge die Linie mit einem Stift.

Kapitel 3: Das Wichtigste in Kürze

- Die Entwicklung Ihres Kindes läßt sich in drei Bereiche unterteilen:
  - die Denkentwicklung
  - die körperliche und Bewegungs-Entwicklung
  - die sozial-emotionale Entwicklung

- Entscheidend für die Schulreife ist nicht die Ausprägung einzelner Fähigkeiten, sondern das Gesamtbild.

- Wenn Sie die meisten in diesem Kapitel gestellten Fragen zur Entwicklung mit „Ja“ beantwortet haben, können Sie davon ausgehen, daß Ihr Kind schulreif ist.

4

„Mama, ich will nicht in die Schule!“ – Was steckt dahinter?

In diesem Kapitel erfahren Sie...

- wie Sie die Ursachen von Lernproblemen und Schulfrust herausfinden können
- wie Eltern und Kinder Lernprobleme gemeinsam gelöst haben
- wie Sie als Eltern mit Ihrem eigenen Verhalten das Verhalten Ihres Kindes positiv beeinflussen können

Fallbeispiele

Kathrin, der häßliche Frosch

Der Morgen fing mit Gezeter wegen der Anziehsachen an. Er endete damit, daß sich ***Kathrin*** *ganz massiv weigerte, in die Schule zu gehen. Sie krallte sich am Treppengeländer fest und schrie: „Ich gehe nicht in die Schule – nie mehr“. Ihre Mutter war verwundert und ratlos. Das paßte gar nicht zu ihrer Kathrin. Sie war doch sonst immer gern in die Schule gegangen.*

Nach langem Hin und Her und unter Tränen stellte sich folgendes heraus: Der grüne Cordanzug war schuld, den sie immer nur unter dem Druck der Mutter angezogen hatte. Immer, wenn sie mit diesem Cordanzug in der Schule auftauchte, erntete sie Spott und Hohn. Einige Kinder umzingelten sie dann und riefen: „Na du häßlicher Frosch, quak, quak. Vielleicht sollte dich mal einer küssen, damit eine hübsche Prinzessin aus dir wird. Aber bei dir wird ein Kuß wohl kaum reichen,“ und alle lachten. Auch während des Unterrichts wurde Kathrin dauernd geärgert: Aus irgendeiner Ecke im Klassenzimmer ertönte ein „quak“, und alle Augen richteten sich auf Kathrin.

Kathrins Mutter hatte Verständnis für die mißliche Lage ihrer Tochter. Ab sofort brauchte Kathrin den Cordanzug nicht mehr in der Schule zu tragen, und fortan ging sie morgens wieder ohne Schwierigkeiten aus dem Haus. Anziehsachen wurden seit diesem Tag nur noch gemeinsam eingekauft.

Das Beispiel von Kathrin zeigt, wie negativ sich ein Abweichen von der Allgemeinheit – hier war es der grüne Cordanzug anstatt Jeans – auf Kinder auswirken kann. Individuelles Auftreten und Verhalten macht Kinder schnell zu Außenseitern. Denn die meisten Kinder sind nicht stark genug, um diesem Gruppendruck standzuhalten. Sie reagieren mit Ausweichen oder Flucht. Aber das geht nicht nur den Kindern so. Auch viele Erwachsene passen sich lieber an als aufzufallen. Auf einer Party in schicker Abendgarderobe zu erscheinen, wenn alle anderen locker angezogen sind, bereitet den meisten Menschen „ein unwohles Gefühl“ – auch ohne anzügliche Bemerkungen der anderen Gäste.

In Kathrins Fall war die Lösung des Problems einfach. Kleidung kann man frei wählen. Aber es gibt auch schwierigere Fälle, wie z.B. bei Lisa.

Lisa, das Schweinchen Dick

Es gab keinen Tag, an dem ***Lisa*** *freiwillig in die Schule ging. Jeden Morgen gab es Streit. Wenn ihre Mutter fragte, warum sie denn nicht zur Schule wolle, sagte Lisa nur: „Ich will eben nicht“.*

Per Zufall beobachtete ihre Mutter dann eines Tages die folgende Szene: Lisa stand allein am Rande des Schulhofs. Sehnsüchtig beobachtete sie die anderen beim Gummitwist-Spiel. Es dauerte eine Weile, dann hatte sie wohl Mut gefaßt und ging zu den anderen hin. Was Lisa sagte, konnte ihre Mutter nicht hören, laut und deutlich vernahm sie dagegen die Antwort einer Mitschülerin: „Hast es wohl immer noch nicht kapiert, du bist uns zu fett, mit dir spielen wir nicht. Du siehst aus wie ein Schweinchen“. Daraufhin rief ein anderes Mädchen: „Lisa, das Schweinchen, Lisa ist ein Schweinchen“. Mit hängendem Kopf ging Lisa von dannen. Den Tränen nahe verließ Lisas Mutter ungesehen den Schulhof. Als ihre Tochter nach Hause kam, besprach sie liebevoll mit ihr, was sie gesehen hatte. Als sie Lisa fragte, warum sie ihr denn nie etwas darüber gesagt hatte, sah sie ihre Mutter an und meinte: „Mama, ich hab' dich doch lieb. Wenn ich was gesagt hätte, wärst du bestimmt noch trauriger gewesen als ich, weil du ja noch viel dicker bist.“

Lisas Mutter holte sich bei der Klassenlehrerin Rat. Sie besprach den Vorfall mit ihr – und dann vollbrachte die Klassenlehrerin wahre Wunder.

Sie arrangierte einen Lesewettbewerb zwischen den Parallelklassen. Lisa, eine hervorragende Leserin, gewann den Preis für ihre Klasse. Lisas Ansehen stieg. Außerdem „verkuppelte“ die Lehrerin Lisa mit einem anderen Mädchen aus der Klasse, das ebenfalls Außenseiterin gewesen war.

Lisas Mutter hatte der Vorfall nachdenklich gemacht – sie stellte die Ernährung der ganzen Familie um. Heute ist Lisa ein hübsches, glückliches Mädchen. Ängste, in die Schule zu gehen, gibt es schon lange nicht mehr.

Uli, das elektrisierte Monster

***Uli** hat eine Tic-Störung, d.h. er zuckt viele Male hintereinander mit dem Kopf. Das tritt besonders dann auf, wenn er aufgeregt ist.*

In der Schule zeigt sich diese Störung meist sehr ausgeprägt im Deutschunterricht. Deutsch fällt ihm schwer. Er hat Angst zu versagen, und das Zucken tritt immer wieder im Unterricht auf. Uli wird von den Mitschülern gehänselt. Sie rufen ihm nach: „Seht mal da, unser elektrisiertes Monster.“

Uli mag nicht mehr in die Schule gehen. Er hat Angst vor den Mitschülern und haßt seinen Körper. Je mehr er sich bemüht, das Zucken zu beherrschen, um so heftiger tritt es kurze Zeit später auf. Er schämt sich sehr und ist schrecklich unglücklich.

Im Fall von Uli half eine Aufklärungskampagne über Tic-Störungen in der Schule – für Eltern wie auch für Schüler – Verständnis für diese Krankheit aufzubringen. In der Klasse wurden ganz ausführlich Stärken und Schwächen und die inneren Werte eines Menschen besprochen. Der Fall Uli brachte die gesamte Schule zum Nachdenken. Die Projektwoche unter dem Motto: „Was ist, wenn ich nicht bin wie die anderen?“ wurde ein voller Erfolg.

Uli hat seinen Tic zwar immer noch – aber jetzt geht er wieder gern zur Schule. Weil seine Mitschüler ihn nicht mehr hänseln, sondern respektieren.

Julian, der Feigling

Julian *klagte seit Wochen jeden Morgen vor dem Gang in die Schule über Bauchschmerzen bis hin zum Erbrechen. Seine Kinderärztin konnte keine körperlichen Ursachen feststellen. Seine Eltern waren verzweifelt.*

Aufgeregt und ängstlich erschien er zum Gespräch in der kinderpsychologischen Praxis.

Erst nach einigen Sitzungen wagte er zu berichten: „Keiner in der Klasse will mehr mit mir spielen. Nur, weil ich bei der ‚Mutprobe' nicht mitgemacht habe. Deshalb hat der Moritz mit seiner Bande allen anderen verboten, mit mir zusammenzusein. Am meisten Angst habe ich vor dem Schulweg und der Pause. Der Moritz macht sich jedesmal über mich lustig, was ich doch für ein feiger Hund bin. Alle lachen über mich.“

Auf Nachfragen, um was für eine Mutprobe es denn da gehe, antwortete Julian: „Jeder mußte im Supermarkt etwas klauen. Das konnte ich einfach nicht. Meine Eltern wären furchtbar enttäuscht von mir, wenn ich sowas machen würde. Manchmal denke ich aber, es wäre jetzt alles einfacher, wenn ich doch mitgemacht hätte. Ich weiß nicht mehr weiter.“

Das war eine Angelegenheit, die an den Schulleiter weitergegeben wurde. Der Schulleiter besprach den Vorfall mit den betreffenden Kindern und auch mit deren Eltern. Gemeinsam wurde das Problem dann gelöst. Und zwar probten die Kinder von da an ihren Mut im nahegelegenen Altersheim: Sie lasen einem sehr griesgrämigen älteren Herrn die Zeitung vor. Außerdem mußte sich jedes Kind der Bande verpflichten, für andere etwas Gutes zu tun, anstatt sie zu schädigen. Gemeinsam traten sie den Pfadfindern bei.

Carl, der Verängstigte

Carl *klammert sich verzweifelt an seine Mutter. „Nein, ich gehe nicht in die Schule. Ich bleibe bei dir. Ich gehe ohne dich nirgendwo hin." Tag für Tag, seit nunmehr drei Wochen, dasselbe Spiel: Carl will einfach nicht allein aus dem Haus gehen. Die Mutter bittet, droht, verspricht Belohnungen – doch nichts hilft. Er begleitet sie sogar zum Einkaufen in den Supermarkt, statt wie üblich auf dem nahegelegenen Spielplatz auf sie zu warten.*

Bis vor drei Wochen hatte es mit Carl niemals Probleme gegeben. Er war ein aufgeschlossenes, pfiffiges Kerlchen. Angst kannte er nicht.

Vor drei Wochen allerdings war Carls Vater Hals über Kopf ausgezogen. Er hatte seine Siebensachen gepackt, als keiner im Haus war, und war klammheimlich weggegangen. Von diesem Tag an wagte sich Carl ohne seine Mutter nirgendwo mehr hin. Er hing ihr förmlich am Rockzipfel.

Carls Reaktion war mehr als verständlich. Er hatte Panik, auch noch seine Mutter zu verlieren, wenn er sie aus den Augen ließ. Er fühlte sich nur sicher, wenn er sie in seiner Nähe wußte. Nur wenn er sie sah, dachte er, könne er das Schlimmste verhindern.

Carls Mutter erkannte das Problem und fand eine Lösung: Sie schloß mit Carl Verträge ab. In diesen Verträgen versicherte sie ihm schriftlich, wann und wo sie ihn abholen würde, bzw. wann sie zu Hause sein würde. Völlig zuverlässig, niemals auch nur eine Minute zu spät, hielt sich seine Mutter an die aufgestellten Vereinbarungen. Ganz allmählich konnte Carl dann sein Vertrauen wiederfinden und den Versicherungen seiner Mutter glauben, sie werde ihn nicht verlassen.

Michael, der Partner-Ersatz

Michael *ist ein Scheidungskind. Vor zwei Monaten trennten sich seine Eltern. Von da an besuchte er immer seltener die Schule.*

Michael ist zusammen mit seiner Mutter aus dem schönen Haus ausgezogen. Sie wohnen nun ein paar Straßen weiter in einer kleinen Mietwohnung. Seitdem kränkelt seine Mutter. Sie weint sehr viel und wagt sich nicht mehr raus.

Jeden Morgen, wenn sich ihr Sohn für die Schule fertig macht, weint sie und sagt: „Du bist mein Ein und Alles. Außer dir habe ich niemanden mehr auf der ganzen Welt. Was soll ich bloß den ganzen Vormittag allein machen? Ich fühle mich so elend.“

Als Michael sagt: „Ich gehe heute nicht in die Schule, ich bleibe bei dir“, schließt sie ihn liebevoll in die Arme – und Michael bleibt zu Hause.

Nachdem Michaels Mutter eine Therapie begonnen hatte und ihr klar wurde, daß sie ihr Kind als Beschützer mißbrauchte, lernte sie loszulassen. Von da an ging Michael wieder regelmäßig in die Schule

Olivia, die Klette

Olivia *schreit schon vom zweiten Schultag an: „Nein, ich gehe nicht in die Schule, Mama. Ich will lieber bei dir bleiben“. Und schon rennt sie weg und versteckt sich irgendwo im Haus. Ein Katz-und-Maus-Spiel zwischen Mutter und Tochter beginnt.*

Olivia war bis zum Schulbeginn nirgendwo allein hingegangen. Immer war ihre Mutter in ihrer Nähe gewesen. Für den Kindergarten war sie zwar angemeldet gewesen, hatte ihn aber nie besucht, weil sie mit ihrer Weigerung bei ihrer Mutter immer durchgekommen war. Mit der Einschulung wurde das natürlich zum Problem.

Und damit begann für Olivia und ihre Mutter eine harte Zeit: Olivia mußte lernen, die ersten Schritte ohne ihre Mutter zu wagen – und plötzlich mußte sie auch die Anweisungen ihrer Mutter ernstnehmen. Für Olivia, die „wohlbehütet" aufgewachsen war, aber ihren Willen immer gegen ihre Mutter hatte durchsetzen können, brach die heile Welt zusammen.

Auch ihre Mutter hatte das Gefühl, vor einem Scherbenhaufen zu stehen. Als Olivia auf die Welt gekommen war, hatte sie sich fest vorgenommen, eine „richtig gute Mutter" zu werden: mit viel Liebe immer für ihre Tochter da zu sein und das kleine Wesen so wenig wie möglich in seinen eigenen Wünschen einzuschränken. So sollte Olivia aufwachsen.

Nun aber mußte sie plötzlich völlig umdenken und viel Mühe investieren, um die Erziehung umzustellen. Sie mußte sich behaupten und konsequent sein – und das auch noch ohne das Gefühl, eine Rabenmutter zu sein. Nur ganz allmählich konnte sich Olivias Mutter mit dem Gedanken vertraut machen, daß Erziehung und Liebe nicht nur Festhalten bedeuten, sondern vor allem eine angemessene Vorbereitung auf ein selbständiges Leben in unserer Gesellschaft.

Lars, der Morgenmuffel

> ***Lars*** *liebt es, abends so lange wie möglich fernzusehen. Morgens ist er dann schlapp, müde und viel zu faul aufzustehen. Wenn seine Mutter morgens an seinem Bett steht, schaut er sie mit seinen treuen blauen Augen an und jammert: „Ach, Mama, mir geht es wieder gar nicht gut. Ich möchte zu Hause bleiben. Du weißt ja, wenn es mir nicht gut geht, kann ich nicht aufpassen, und es wird wieder nur Ärger in der Schule geben."*
>
> *Lars' Mutter steht morgens unter Zeitdruck. Sie muß pünktlich zur Arbeit kommen. Und wenn sie sich auf langes Diskutieren einläßt, wird sie sich verspäten. Resigniert sagt sie: „Na gut, dann bleib' heute zu Hause, aber nur noch dieses eine Mal."*

Nachdem die Mutter das Haus verlassen hat, schläft Lars erst noch eine Runde, dann verbringt er den Rest des Vormittags mit seiner Lieblingsbeschäftigung: dem Fernsehen. Immer öfter fehlt Lars in der Schule, bis er sich schließlich ganz weigert hinzugehen, weil er merkt, daß er sowieso nicht mehr mitkommt.

Hilflos wendet sich die Mutter an den Schulpsychologen. Viele Möglichkeiten – wie auch die Einführung eines Punkte-Plans mit Belohnungs-System – werden erwogen, aber wieder verworfen. Denn welche Belohnung könnte schon größer sein als die, die Lars sich ohnehin jeden Morgen selbst verschafft – indem er sich weigert, zur Schule zu gehen: Er bekommt ja auch so schon seinen Willen.

Gemeinsam mit den Eltern wird nun beschlossen, daß der Vater das „In-die-Schule-Bringen“ übernimmt. Mit sanfter Gewalt – d.h. er trägt ihn ins Auto und manchmal sogar bis ins Schulgebäude – sorgt er dafür, daß Lars jeden Morgen in seiner Klasse erscheint. Außerdem wird der Fernseher abends nicht mehr eingeschaltet. Dadurch bekommt Lars endlich genügend Schlaf und ist am nächsten Morgen auch nicht mehr zu müde für die Schule. Wenn eine besonders interessante Sendung läuft, wird sie auf Video aufgenommen und am nächsten Tag angeschaut. Nach drei Wochen konsequenten Handelns geht Lars wieder ohne Murren in die Schule.

- **Schlußfolgerung:**
  Nicht jede Schulverweigerung hat etwas mit Angst vor dem Unterricht zu tun. Wenn Ihr Kind nicht in die Schule gehen will – und vor allem, wenn es vorher keine Probleme gegeben hat – sollten Sie hellhörig werden und auch nach anderen Ursachen suchen – z.B. im sozialen Umfeld.

Was wir in unseren Praxen jedoch als häufigste Ursache für „Ich will nicht in die Schule gehen“ sehen, sind echte **Schulschwierigkeiten,** d.h. **Lernschwierigkeiten.** Mehr dazu in den nächsten Kapiteln.

Kapitel 4: Das Wichtigste in Kürze

- Sie haben verschiedene Ursachen für Schulprobleme und Lernschwierigkeiten kennengelernt.

- Viele dieser Schwierigkeiten haben ihre Ursache in der Familie, im Freundes- und Bekanntenkreis – und nicht in der Schule.

- Häufig sind es Kleinigkeiten, die Ihrem Kind das Lernen erschweren können. Durch genaues Hinhören und Hinsehen können Sie die Ursachen dafür leicht aufdecken. Durch entsprechende Korrekturen können Sie schnell Abhilfe schaffen.

5

Wie vermeiden wir Lernmißerfolge?

In diesem Kapitel erfahren Sie...

- was Sie schon im Vorfeld dafür tun können, daß Ihr Kind gut und gern lernt
- warum Erfolge außerhalb der Schule genauso wichtig sind wie Erfolge in der Schule

„Schule ist doof" – der Teufelskreis des Mißerfolgs

Was tun, wenn die Schule Bauchschmerzen macht?

„Null-Bock-auf-Schule" schon in der Grundschule?

Ja, so etwas kann man auch von Zweit-, Dritt- oder Viert-Klässlern hören. Dieser Spruch ist leider nicht nur eine Protestreaktion in der Pubertät, sondern oft schon ein Hilfeschrei bei jüngeren Schülerinnen und Schülern.

***Sarah** (3. Klasse) findet seit einigen Wochen Schule und Lernen überhaupt „ätzend". Ihre Leistungen waren bisher immer durchschnittlich. Aber seit Anfang des Schuljahres hat sie schlechtere Noten. Im Diktat hat sie wegen „Schusselfehlern" eine 4 kassiert.*

Jetzt möchte sie morgens am liebsten im Bett bleiben. „Wenn ich nur an die Schule denke, wird mir schon schlecht. Ich vergesse bei der Klassenarbeit sowieso alles, was ich in den letzten Tagen zu Hause geübt habe. Schon beim Austeilen der Arbeitsblätter kriege ich Herzklopfen. Ich bin manchmal so aufgeregt, daß ich ganz durcheinander bin und meine Hände zittern."

***Lena** (4. Klasse) hat schon viele Einträge ins Klassenbuch bekommen. Im letzten Monat hat sie acht Tage unentschuldigt gefehlt. Bei einem Elterngespräch stellt sich heraus, daß Lena die Schule „geschwänzt" hat und den ganzen Vormittag durch die Stadt gebummelt ist.*

Sie selbst findet dieses Verhalten auch nicht toll. Beim gemeinsamen Gespräch ist sie verzweifelt: „Es tut mir leid, daß ich so bin. Aber andere Kinder machen alles besser. Die Lehrerinnen sind alle doof. Ich habe zwar nicht viel auf, aber ich hasse Hausaufgaben."

Es gibt viele Kinder mit Schulverdrossenheit und Versagensängsten. Nicht alle Kinder äußern ihre „Null-Bock-auf-Schule-Gefühle“ direkt und schwänzen den Unterricht wie Lena. Oft verbergen sich die Gefühle hinter häufigen morgendlichen Bauchschmerzen, Übelkeit oder anderen Beschwerden. Solche körperlichen Beschwerden, die in der Regel nicht vorgetäuscht werden, sind wirklich da und für die Kinder sehr unangenehm.

*Die Mutter von **Benjamin** (9 Jahre, 3. Klasse) erzählt: „Benjamin leidet seit längerer Zeit morgens an Übelkeitsanfällen und Erbrechen, für die es organisch keine Ursache gibt. Er ist im Begreifen einer der Besten in der Klasse. Das Lernen fällt ihm eigentlich leicht. Allerdings ist er bei den Klassenarbeiten wie blockiert. Obwohl er zu Hause alles kann, schafft er bei Klassenarbeiten keine bessere Note als eine 3. Manchmal gibt es sogar einen Ausrutscher, und er schreibt eine 5. Er ist deshalb ärgerlich und wird schnell wütend. Seinen Frust bekommen wir zu Hause zu spüren. Er terrorisiert besonders mich, da er auch kleine Mißerfolge nicht gut verkraften kann.“*

Bei der Überprüfung seiner Leistungsstärken und -schwächen kam ein für die Mutter sehr überraschendes Ergebnis heraus: Benjamin ist überdurchschnittlich begabt! Die Anforderungen in der Schule sind angesichts seiner Intelligenz viel zu niedrig für ihn. Seine Leistungs-Möglichkeiten wurden weder von der Lehrerin noch von den Eltern bemerkt, weil er bei den Klassenarbeiten immer so durcheinander ist. Er sagt: „Ich hatte wieder ein Brett vor dem Kopf.“

Er selbst zweifelt am meisten an seinen Fähigkeiten, hat Angst vor Arbeiten und klagt über „Schulbauchschmerzen“. Er spürt, daß er eigentlich gut denken kann, daß er es aber nicht zu Papier bekommt. Dazu ist er viel zu nervös. Was ist zu tun?

Benjamin muß dringend lernen, seine Arbeit zu organisieren. Konkrete Tips und Anleitungen dazu finden Sie in den beiden nächsten Kapiteln.

***Melanie** (1. Klasse) hat nach acht Monaten Schule das erste Wortdiktat geschrieben. Sie hat mit ihrer Mutter täglich Schreiben geübt, weil es bei ihr irgendwie nicht so richtig klappen wollte. Nach dem Diktat ließ die Lehrerin die Banknachbarn die Hefte tauschen. Die diktierten Wörter wurden korrekt an die Tafel geschrieben, und der Nachbar korrigierte die Fehler. Melanie hatte bis auf ein Wort alle falsch – ihre Freundin neben ihr alle richtig. Viele Kinder riefen in die Klasse: „Ich habe alles richtig!" Ein paar Kinder blieben betreten sitzen. Ein Junge schrie: „Guck mal, die Melanie, die hat fast alles falsch. Mann, ist die doof." Obwohl die Klassenlehrerin den Schreihals sofort energisch maßregelte, machte sich Melanie ganz klein an ihrem Platz. Sie schämte sich. Und schon jetzt hat sie Angst vor nächster Woche, wenn wieder ein Kurzdiktat geschrieben wird.*

Melanie erlebt den Mißerfolg nicht nur hin und wieder, sondern fast täglich. Meist nicht nur vormittags in der Schule, sondern auch nachmittags zu Hause beim Lernen mit ihrer Mutter, die inzwischen mit ihrer Geduld oft am Ende ist. Die ständigen Mißerfolge nehmen Melanie den Spaß und die Freude am Lernen.

Nicht nur Melanie leidet unter den Lernmißerfolgen. In der Familie bestimmen Ratschläge und auch Vorwürfe irgendwann alle Gespräche. Alle wollen ihr helfen, vergessen dabei aber häufig, daß das Leben auch noch aus anderen Dingen besteht als aus Schreiben.

Am meisten aber leidet die Mutter. Denn sie wird für die Entwicklung verantwortlich gemacht. „Sie müssen mehr mit Melanie üben" oder „Melanie hat so wenig Selbstvertrauen. Stimmt zu Hause irgend etwas nicht?" Solche und ähnliche Bemerkungen verunsichern Melanies Mutter – und sie fühlt sich verantwortlich für den Mißerfolg ihrer Tochter. Sie ist schon ganz durcheinander, und die Sorgen und Gedanken um ihre Tochter drehen sich im Kreis: „Warum kann Melanie nicht so gut lernen wie alle anderen Kinder in ihrer Klasse? – „Ist sie nicht intelligent genug oder faul?" – „Sie kann ja, wenn sie will!" – „Müßte sie härter angefaßt werden?" – „Bin ich zu nachgiebig?" – „Was soll ich noch alles tun?" – „Haben wir sie falsch erzogen?"

Der Mutter wird es immer unangenehmer, sich mit anderen Müttern über Schule und Melanies Fortschritte zu unterhalten. Es ist ihr peinlich. Sie vermeidet immer mehr solche Kontakte. Sie möchte sich nicht immer die tollen Erfolge von Melanies Mitschülern anhören und sie dann auch noch bewundern müssen. Ihre Gefühle schwanken zwischen Enttäuschung, Schuldgefühlen und Hilflosigkeit.

Was ist für Melanie und ihre Familie hilfreich? Und was können Sie tun, wenn Sie und Ihr Kind in einer ähnlichen Lage sind?

Um zunächst aus dem Kreislauf der negativen Gefühle herauszukommen, sollten Sie das Lernproblem Ihres Kindes wie ein Detektiv erforschen und einkreisen. Sie sollten herausfinden, was Ihr Kind besonders gut kann, oder was nur mühsam klappt. Dabei hilft Ihnen die folgende Liste:

- Wie steht es mit der Lernmotivation – wie gern lernt Ihr Kind?
- Geht Ihr Kind gern zur Schule?
- Womit befaßt sich Ihr Kind am liebsten?
- Ist Ihr Kind in allem in der Schule überfordert, oder sind es nur einzelne Bereiche, z.B. das Schreiben, die besonders schwer fallen?
- Kann Ihr Kind ausdauernd arbeiten, oder läßt es sich leicht ablenken und zappelt herum?
- Trödelt Ihr Kind bei den Aufgaben und träumt vor sich hin?
- Gibt es am Anfang der Hausaufgaben ständig Diskussionen?
- Wie ordentlich klappt die Heftführung?
- Ist Ihr Kind in seinen Gedanken sehr sprunghaft und muß ständig irgend etwas erzählen, was mit der Aufgabe nichts zu tun hat?
- Wie steht es allgemein um die Stimmung?
- Wirkt Ihr Kind in letzter Zeit traurig?
- Hat das Selbstbewußtsein gelitten?
- Hat Ihr Kind Freunde in der Klasse?
- Hat Ihr Kind ein Hobby?
- Hat Ihr Kind genügend Freizeit, und nutzt es sie?

Melanies Eltern haben ein Tagebuch angelegt. Wie man ein Tagebuch so führt, daß es der ganzen Familie hilft, erfahren Sie in Kapitel 7.

Bitte stempeln Sie Ihr Kind nicht voreilig als faul ab oder unterstellen ihm, es *wolle* nicht lernen. Grundsätzlich hat jedes Kind Freude daran, etwas Neues zu erfahren und zu beherrschen – auch eins mit Entwicklungs- oder Verhaltens-Problemen. Jedes Kind setzt sich in allen Entwicklungs-Stufen mit sich und seiner Umwelt auseinander und versucht, auf sie einzuwirken und sie zu verändern. Wenn Ihr Kind aber plötzlich keine Lust mehr verspürt, etwas Neues zu lernen, ist das immer ein Grund, hellhörig zu werden.

Ein Bild sagt mehr als tausend Worte

Wie es um die Gefühle unserer Kinder steht, erkennt man nicht nur an ihren negativen, ablehnenden Reaktionen oder an ihren – oft provozierenden – Sprüchen. Vieles kann man auch an ihren Bildern sehen: Wie stellen die Kinder sich selbst und die Schule dar? Hier einige Beispiele:

Alle drei Kinder sind gleichzeitig in die 1. Klasse eingeschult worden. Nach einiger Zeit der Schulerfahrung zeichnen sie sich selbst.

Laura

Stefan

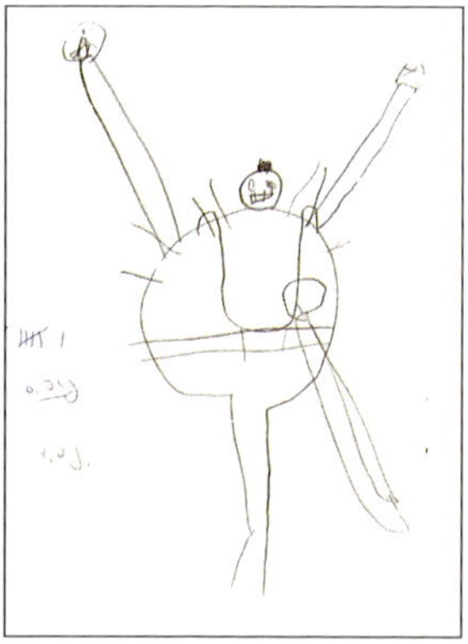

Christian

Laura *geht jeden Tag mit Freude in die Schule und ist auf den Buchstaben gespannt, den sie heute lernen wird. Sie möchte ganz schnell die Geschichten aus dem Vorlesebuch selbst lesen können. Sie sagt lachend und voller Überzeugung: „Schule ist toll!“*

Stefan *hat mittlerweile das erste Schuljahr fast überstanden. Er geht gar nicht gern in die Schule. Er fühlt sich dort meistens nicht wohl und hat Angst, daß er beim Vorlesen wieder so stark stottert wie häufig in der letzten Zeit. Er kann auch nicht so schnell schreiben wie seine Mitschüler und macht viele „Schusselfehler“. „Hausaufgaben sind langweilig. Manchmal träume ich, ich wäre im Paradies und müßte nicht jeden Tag in die Schule gehen.“*

Christian *geht alles zu langsam. Am liebsten erledigt er seine Aufgaben ganz schnell und dadurch flüchtig und unordentlich, um schnell zum Fußballspielen gehen zu können. Er geht zwar ganz gern in die Schule, ist aber genervt, weil die Lehrerin ihn ständig ermahnt, ruhig zu sitzen und nicht in die Klasse zu rufen. „Das beste an der Schule sind die Pausen und der Sportunterricht.“*

Noch zwei Beispiele, wie unterschiedlich Kinder die Schule bewerten: Tatjana und Kai werden gebeten, einmal ihre Schule zu malen.

Tatjana *geht sehr gern in die Schule und hat Spaß am Lernen. Sie hat große Lust, ihre Schule besonders schön zu malen. Am liebsten hätte sie sie noch hübsch bunt ausgemalt, doch leider war die Stunde schon vorüber.*

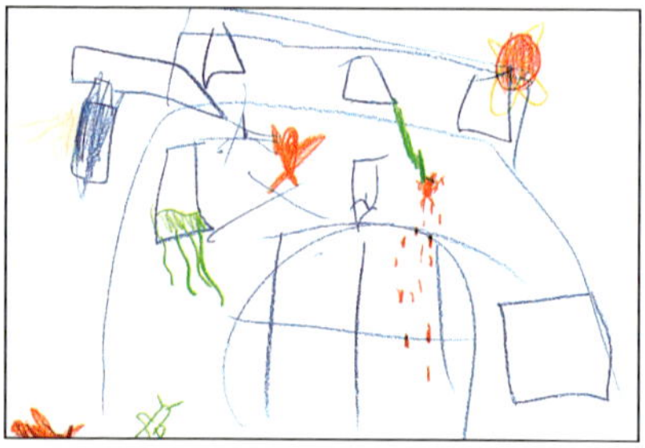

***Kai** hat Schul- und Lernfrust. Er schmiert seine ungeliebte Schule so lieblos und schnell aufs Papier, daß sie gar nicht zu erkennen ist. Er drückt im Bild seinen Frust und seine Wut auf die Schule aus. Für ihn ist Schule „zum Kotzen blöd“. Er wird sowieso immer von den Mitschülern geärgert, und zum Stillsitzen und Schreiben hat er auch keine Lust.*

Alle Eltern wünschen sich natürlich, daß ihr Kind so ausgeglichen ist und soviel Spaß am Lernen hat wie Laura – oder die Schule so schön findet wie Tatjana. Stefan entwickelt Versagensängste in der Schule, und sein Selbstwertgefühl sinkt ab. Christian ist zappelig und unkonzentriert, was ihm und seinen Eltern mehr und mehr Sorgen bereitet. Kai findet die Schule „zum Kotzen“.

Alle fünf Kinder sind dennoch normal intelligent und haben keine Lernbehinderung. Warum ist Kai so unglücklich? Warum meistern Stefan und Christian die Schulanforderungen nicht so souverän wie die beiden Mädchen? Sie drohen in einen „Teufelskreis von negativen Lernerfahrungen“ zu rutschen, wobei das Selbstbewußtsein immer schwächer wird. Mit schlechtem Selbstbewußtsein fällt es aber auch schwerer, Freundschaften zu schließen und sich „einfach gut zu fühlen“. Die negative Einstellung und das „Ich habe keine Lust“ bestimmen dann auch die Freizeit.

Jetzt ist es wichtig, keinen Druck auszuüben, sondern gemeinsam nach Lösungs-Möglichkeiten zu suchen.

Und da gibt es für Sie als Eltern viele Möglichkeiten. Neben praktischen Hilfen zur Arbeits-Organisation und zur Hausaufgaben-Gestaltung (siehe Kapitel 7: Hausaufgaben) können und sollten Sie Anreize zum Lernen bieten: z.B. ein spannendes Computerprogramm zum Einüben der Rechtschreibung. So ein Anreiz muß jedoch nicht immer mit hohen Kosten verbunden sein. Schon bunt eingeschlagene Hefte, ein neues Federmäppchen oder ein lustig gestalteter Stundenplan können die gute Laune steigern.

Vor allem aber: Versteifen Sie sich nicht nur auf den Schulbereich.

Erfolgs-Erlebnisse – die Voraussetzung für Erfolgs-Ergebnisse

Stärken Sie Ihrem Kind über außerschulische Erfolge den Rücken. Ein Sieg mit der Fußballmannschaft hebt die Stimmung und das Selbstbewußtsein. Loben und bestätigen Sie Ihr Kind – auch für kleine Erfolge und positive Eigenschaften, die mit der Schule nichts zu tun haben. Trauen Sie Ihrem Kind etwas zu. Selbständige Kinder haben es in allem leichter. Ermöglichen Sie Kontakte zu den Mitschülern. Achten Sie zu Hause auf die besonderen Begabungen Ihres Kindes. Was macht es richtig gut? Ist es vielleicht sehr erfinderisch und phantasievoll beim Basteln? Sehen Sie im Geburtstags-Kalender nach: Wen könnte Ihr Kind demnächst mit einem selbstgemachten Geschenk überraschen? Weiß Ihr Kind viel über Tiere, und mag es die Natur? Wandert es gern? Erkundigen Sie sich beim Jugendamt Ihrer Stadt nach Jugendverbänden wie z.B. Pfadfindergruppen. Oder hilft Ihr Kind gern beim Kochen und Backen? In diesem Fall könnten Sie vorschlagen, einmal Freunde zum gemeinsamen Plätzchenbacken einzuladen.

Alles, was Ihrem Kind die Chance gibt, seine persönlichen Stärken auszuspielen, hilft ihm, Selbstbewußtsein zu tanken und Selbstvertrauen aufzubauen. Und das sind die wichtigsten Voraussetzungen zum Lernen. Denn nur, wer sich sicher fühlt und keine Angst hat, der hat den Kopf frei für's Lernen.

Und denken Sie immer daran: Nicht nur der schnelle Lernerfolg ist wichtig. Verlassen Sie erst einmal den

Teufelskreis des Mißerfolgs, und verschaffen Sie Ihrem Kind – und damit auch sich selbst – Erfolgs-Erlebnisse, egal in welchen Bereichen. Denn **das Leben besteht nicht nur aus Schule** – auch wenn es Ihnen zur Zeit so erscheinen mag. Jedes Schulkind sollte zum Beispiel für sich einen Sport finden, bei dem es Spaß hat und sich ausleben und austoben kann. Dabei werden Geschicklichkeit, Ausdauer, Motivations- und Teamfähigkeit trainiert und gegebenenfalls angestaute Aggressionen und Frust abgelassen.

Erfolgs-Erlebnisse in allen Bereichen wirken sich positiv auf Leistungs-Bereitschaft und Lernmotivation aus – und sie führen über kurz oder lang zu Erfolgs-Ergebnissen in der Schule.

Auch Ihr Kind hat mit Sicherheit in ganz bestimmten Bereichen besondere Stärken. Finden Sie die Stärken Ihres Kindes heraus, und stärken Sie diese Stärken – nach dem Motto:

Wer die Stärken stärkt, schwächt die Schwächen von selbst.

Und so erleben Sie, wie **Erfolgs-Erlebnisse außerhalb der Schule** auch zu **Erfolgs-Ergebnissen in der Schule** führen können.

*Auch **Max** steht noch mitten in dem „Frust-Kreislauf". Trotz der ständigen Gespräche mit der Lehrerin gibt es nach wie vor Ärger. Es hagelt Strafarbeiten. Nicht nur Max' Verhalten wird stark bemängelt, sondern auch seine Arbeitsweise. Rechnen und Denken kann er eigentlich besonders gut. Er verdreht allerdings Zahlen und Buchstaben. Es kann ihm auch passieren, daß er ein ganzes Aufgaben-Päckchen einfach vergißt. Beim Lesen schaut er nicht genau hin – er errät mehr als er liest. Schwer fällt ihm vor allem die Rechtschreibung. Er läßt Silben und Buchstaben aus. Das Wort „Kartoffel" kann man bei ihm in den verschiedensten Variationen lesen: „Kartoel, Katofel, kartoffe." Er übt jeden Tag mit seiner Mutter – immer verbunden mit Protest, Wutausbrüchen und Tränen.*

Vor Klassenarbeiten hat Max Bauchschmerzen und schläft die ganze Nacht nicht. Manchmal ist es so schlimm, daß er morgens nichts essen kann und erbricht. Es muß dringend etwas passieren.

Im Gespräch beschreibt er seine Gefühlswelt. Dabei wird deutlich, daß Max seine Probleme genau kennt und sich auch darüber ärgert: „Zum Beispiel habe ich letzte Woche vergessen, daß am Dienstag Wandertag war. Ich hatte natürlich weder Regensachen noch was zu essen oder Geld dabei. Es hat mich mal wieder drei Postkarten mit Rennautos gekostet, um Thomas ein halbes Wurstbrot abzuluchsen. Natürlich mußte es auch noch regnen, und ich bin naß und durchgefroren nach Hause gekommen.

Dabei will ich wirklich gut sein. Aber jeder denkt, ich bin einfach nur dumm, faul oder vergesse immer alles, um andere zu ärgern. Ich gebe zu, ich kann nicht aufpassen und höre auch nicht genau zu, wenn es mir langweilig ist. Aber mal ehrlich, die Schule ist doch auch furchtbar öde, oder? Mit meinen Legos kann ich stundenlang spielen, ohne daß mich irgendwas ablenkt. Das macht ja auch Spaß, und ich kann so bauen, wie ich will.

Ich versuche ja, meine Aufgaben schnell zu machen, damit ich sofort raus kann zum Fußballspielen oder am Computer was ausprobieren kann. Aber es sind ja nicht nur die Hausaufgaben! Meist muß ich Strafarbeiten schreiben, zum Beispiel 20 mal in Schönschrift: ‚Du darfst nicht unaufgefordert in die Klasse rufen.' Das ist total ätzend, denn wenn meine Schrift ein bißchen schön aussehen soll, brauche ich Stunden. Der ganze Nachmittag geht dabei drauf. Mit Fußball ist dann meistens nichts mehr."

Kapitel 5: Das Wichtigste in Kürze

- Mißerfolge in der Schule nehmen den Spaß am Lernen und schwächen das Selbstvertrauen Ihres Kindes.

- Viele Ursachen für Mißerfolge Ihres Kindes können Sie mit einfachen Mitteln selbst herausfinden und abstellen.

- Wenn Sie die natürlichen Stärken Ihres Kindes stärken, schwächen Sie seine Schwächen ganz von selbst.

- Über außerschulische Erfolge, z.B. im Sport, gewinnt Ihr Kind Vertrauen in die eigene Leistungs-Fähigkeit. So schaffen Erfolgs-Erlebnisse außerhalb der Schule das Selbstvertrauen, das Ihr Kind für Erfolgs-Ergebnisse in der Schule braucht.

6

So helfe ich meinem Kind: Das „Punkte-Plan-Spiel“

In diesem Kapitel erfahren Sie...

- wie Sie durch Voraussicht und mit „neutralen Dritten“ Konflikte vermeiden können
- wie wichtig ein regelmäßiger Tagesablauf für das Lernverhalten Ihres Kindes ist
- wie Sie mit Ihrem Kind die Spielregeln für das Punkte-Plan-Spiel aufstellen und Ihr Kind so sein Verhalten freiwillig ändert

„Morgenstund' hat Gold im Mund" – und wenn nicht?

> ***Jana*** *erscheint jeden Morgen pünktlich um 7 Uhr am Frühstückstisch. Sie ist gewaschen, gekämmt und ordentlich gekleidet. Ihren Ranzen und ihren Zeichenblock hat sie bereits an die Garderobe gestellt. Von 7 Uhr bis 7.20 Uhr sitzt sie ganz gemütlich mit Mutter und Schwester am Tisch und läßt sich ihr Frühstück schmecken. Um 7.20 Uhr zieht sie Schuhe und Jacke an und wartet auf ihre Freundin. Als es klingelt, setzt sie ihren Ranzen auf und nimmt den Zeichenblock in die Hand. Bevor sie gemeinsam mit ihrer Freundin das Haus verläßt, bekommt ihre Mutter noch einen Abschiedskuß. Am Gartentor winkt sie ihrer Mutter nochmal zu. Vergnügt plaudernd gehen die beiden Mädchen zum Schulbus.*

Wenn bei Ihnen zu Hause „der Start in den Tag" ähnlich abläuft wie bei Jana, sind Sie zu beglückwünschen. Leider ist in vielen Familien die morgendliche Situation weniger entspannt. So war es auch in Max' Familie:

> ***Max*** *kommt morgens nicht aus dem Bett. Viele Male muß seine Mutter ihn rufen. Nach dem Aufstehen beginnt er, in seinem Zimmer zu spielen, anstatt sich anzuziehen. Endlich im Bad, vergißt er, sich zu waschen oder zu kämmen. Viel zu spät erscheint er am Frühstückstisch. Da er nicht pünktlich ist, hat sein Bruder bereits mit dem Essen angefangen – und ihm ausgerechnet seinen Lieblingskäse weggegessen. Und schon gibt es Streit. In der Hektik passiert Max – wie so oft – auch noch ein Mißgeschick: Erst stößt er seine Tasse um, dann streift der Ärmel seines Pullovers über die Butter. So bekleckert kann er nicht in die Schule gehen. Er muß sich umziehen. Unter Zeitdruck zieht er einen anderen Pullover über. Hastig schnappt er sich seinen Ranzen und fegt aus dem Haus. Die Worte seiner Mutter: „Oh nein, dieser Pullover zu der Hose, du siehst*

unmöglich aus" hallen in seinen Ohren nach. Wütend stapft er zum Bus. Er schaut so grimmig drein, daß die Mitschüler ihn hänseln.

Sie mögen sich fragen, was diese beiden Beispiele mit Lernen zu tun haben. Das sehen wir ganz schnell, wenn wir die beiden Kinder in die Schule begleiten:

***Jana** erscheint zufrieden in der Klasse. Keine anderen Gedanken lenken sie vom Lernen ab. Sie kann dem Unterricht aufmerksam folgen. Mit ihren Beiträgen bereichert sie den Unterricht. Von ihrer Lehrerin wird sie dafür gelobt. Dies spornt sie aufs Neue an. Jana ist hochmotiviert und bekommt im Zeichenunterricht ein dickes Lob.*

***Max** kommt „geladen" in der Schule an. Motzig sitzt er an seinem Tisch und ärgert sich über seinen Bruder: „Wie kommt dieser Blödmann eigentlich dazu, meinen Käse zu essen? Eine bodenlose Frechheit. Der ist so gemein und unfair – und Mutter auch!" Max konzentriert sich nicht auf den Unterricht. Er wird mehrfach von der Lehrerin ermahnt. Die Tadel lassen sein Interesse am Lernen noch weiter absinken.*

Im Kunstunterricht muß er dann feststellen, daß er seinen Zeichenblock vergessen hat. Er kann seine Zeichnung von der Burg nicht vorlegen. Max muß weitere Kritik einstecken. Der Lehrer wirft ihm vor, faul zu sein und obendrein noch zu lügen. Max ärgert sich fürchterlich. Er könnte platzen, ist aber auch verzweifelt und dem Weinen nahe. Hat er doch viele Stunden an der Burg gemalt und fest damit gerechnet, endlich auch einmal vor der ganzen Klasse gelobt zu werden.

Jana hat in der Schule den Kopf frei und kann sich ganz auf den Unterricht konzentrieren. Warum? Weil vorher zu Hause alles glatt gelaufen ist und sie keinen Gedanken-Ballast mit in die Schule schleppen muß.

Max dagegen hat den Kopf voller Gedanken an zu Hause.Sein Kopf ist nicht frei für den Unterricht, Warum? Weil vorher zu Hause alles schief gelaufen ist. Das muß Max erst verarbeiten und kommt deshalb in der Schule nicht mehr mit.

An diesen beiden Beispielen sehen Sie ganz deutlich: Die Weichen für den Lernerfolg in der Schule werden schon zu Hause gestellt. Wer in der Schule ans Ziel kommen will, braucht morgens zu Hause einen guten Start. Ein Fehlstart zu Hause führt schnell zu Mißerfolgen in der Schule.

Als Max zu uns in die Praxis kam, fügte er im Satz-Ergänzungstest folgende Satzteile an:

Andere Kinder ... *sind gemein zu mir.*

Meine Mutter ... *schimpft mit mir.*

Vater ... *arbeitet viel.*

Die Lehrer ... *mögen mich nicht.*

Am liebsten ... *würde ich alles richtig machen.*

Ich bin ein ... *Durcheinander von wütend, blöd und traurig.*

Ich brauche ... *Hilfe.*

Auch die Auswertungen der anderen Testverfahren ergaben, daß Max völlig irritiert über sich selbst und unglücklich war. Er wollte an diesem Zustand gern etwas ändern, doch weder er noch seine Mutter wußten wie. Seine Mutter war nicht minder verzweifelt. Die gesamte Familie litt.

Zusammen mit Max und seinen Eltern stellten wir deshalb einen klar gegliederten „Punkte-Plan“ auf. Dieser Plan zeigte vom ersten Tag an gute Wirkung. Aus dem morgendlichen Chaos wurde langsam ein geregelter Ablauf, und Max hatte in der Schule den Kopf frei für das Lernen.

Auch Sie können Ihrem Kind zu einem guten morgendlichen Start verhelfen. Was Sie tun können oder besser lassen sollten, erfahren Sie auf den nächsten Seiten.

Vorbeugen ist besser als vorhalten

Wer hat diesen „Ratschlag“ nicht schon irgendwann einmal gehört: „Richtig den Hintern versohlen – das ist es, was das Kind braucht. Ein paar Schläge auf den Hintern haben noch keinem geschadet.“

Wir können nicht bestreiten, daß diese Maßnahme bei vielen Kindern kurzfristig zu Verhaltens-Änderungen führt und relativ einfach durchzuführen ist. Warum wir diese Maßnahme – von ethischen Gründen ganz abgesehen – jedoch strikt ablehnen, möchten wir an einem Beispiel verdeutlichen:

> *Jeden Morgen steht* ***Peter*** *auf und setzt sich als erstes vor den Fernseher. Seine Mutter ermahnt ihn mehrmals, endlich ins Bad zu gehen. Es kommt zu heftigen Wortgefechten. Die Gemüter der beiden schaukeln sich immer weiter hoch. An manchen Tagen versohlt sie ihm den Hintern. Brüllend rennt Peter dann ins Bad.*

Peters Mutter hat für den Moment erreicht, was sie wollte. Doch zu welchem Preis? Der Morgen beginnt für beide äußerst nervenaufreibend – ein denkbar schlechter Start in den Tag. Nach so einem häuslichen Fehlstart wird Peter es in der Schule schwer haben, sich auf den Unterricht zu konzentrieren. Und außerdem: Was hat Peter dabei gelernt? Leider nicht das, was sich seine Mutter erhofft, nämlich morgens nicht mehr fernzusehen. Sondern er lernt: „Der Stärkere gewinnt. Vor Größeren oder Kräftigeren muß ich mich in acht nehmen. Wenn ich bei Kleineren oder Schwächeren nicht mehr weiter weiß, schlage ich zu.“

Wie hätte die Situation anders geregelt werden können?

Hier kommt das Wort „Planung“ wieder ins Spiel. Planung (Vorausschau, Einteilung) ist ein wichtiger Baustein beim Lernen und in der Erziehung insgesamt. Wäre in Peters Fall nicht die „Planung“ – z. B. das Abschließen der Wohnzimmertür am Abend zuvor – besser für einen guten morgendlichen Start ohne „Fernseh-Diskussionen“ und Streit gewesen?

Der Tag davor: Die Start-Vorbereitungen

Ein guter morgendlicher Start beginnt mit Vorbereitungen am Tag davor:

- Der Ranzen wird nach den Hausaufgaben für den nächsten Tag gepackt. Sportsachen, Zeichenblock usw. werden außerdem schon zum Ranzen gelegt (Näheres dazu im 7. Kapitel).
- Am Abend wird die Kleidung des Kindes für den nächsten Tag zurechtgelegt. Bitte tun Sie das mit Ihrem Kind gemeinsam. Es erspart Ihnen morgendliche Szenen wie: „Den zieh' ich nicht an, der ist bescheuert."
- Achten Sie darauf, daß im Bad alles vorrätig ist. Damit vermeiden Sie am frühen Morgen eine gehetzte Suche nach Dingen, die am Vortag aufgebraucht wurden (z.B. Toilettenpapier, Zahnpasta).
- Vergewissern Sie sich, daß Ihr Kind seinen Wecker korrekt gestellt hat.
- In vielen Familien gibt es morgens Probleme beim Frühstück. Einige Kinder können sich nicht entscheiden, was sie eigentlich essen wollen. Andere wollen unbedingt das essen, was nicht im Haus ist. In diesen Fällen hat sich eine Frühstücksliste bewährt, die am Vortag nach dem Abendessen von jedem Kind angekreuzt wird.

Seien Sie kreativ, gestalten Sie die Liste ansprechend. Kopieren Sie sie oft genug. Lassen Sie die Liste „nicht ausgehen". Die Kinder wollen sie bald nicht mehr missen.

Für Ihre kleineren Kinder können Sie Bilder der verschiedenen Lebensmittel aufgekleben. So können auch die Kleinen schon selbständig wählen.

Bitte achten Sie darauf, daß Sie rechtzeitig die Nahrungsmittel ausstreichen, die Sie nicht im Haus haben. Das erspart Ihnen unnötiges Gemecker. Bereiten Sie am Abend den Frühstückstisch so weit wie möglich vor.

Noch ein Hinweis, wenn Sie mehrere Kinder haben: Legen Sie die Sitzordnung spätestens am Tag zuvor fest, oder weisen Sie jedem Kind einen „Stammplatz" zu. Bei ständigen Querelen zwischen Geschwistern am frühen

Morgen hat ein kleiner zusätzlicher Tisch in der Küche – an dem jeder einmal sitzen darf – schon große Erleichterung gebracht. Schaffen Sie lieber eine friedliche räumliche Trennung als ein schlechtes Zusammensein schon am Tagesanfang.

Beispiel für eine Frühstücksliste:

Getränke	Essen	Sonstiges
❐Kamillentee	❐Schwarzbrot	❐Erdbeer-marmelade
❐Pfefferminztee	❐Weißbrot	❐Honig
❐Kakao	❐Toast	❐Cornflakes
❐Milch	❐Müsli	❐Käse
❐Orangensaft	❐Joghurt	❐Wurst
❐Wasser	❐Apfel	

Wichtig: Bitte achten Sie darauf, daß all diese Maßnahmen ihren festen Platz im Tagesablauf Ihres Kindes haben. So wird z.B. immer nach dem Abendessen die Frühstücksliste angekreuzt. Jede Handlung soll täglich im gleichen Rhythmus stattfinden, damit sie Ihrem Kind „in Fleisch und Blut“ übergeht. Alles wird dann bald „wie von selbst“ ablaufen – bei den kleinen wie bei den größeren Kindern. Je regelmäßiger der Ablauf, um so mehr Halt gibt er den Kindern.

Oft sind es gerade die kleinen Dinge – wie z.B. Frühstückslisten und Sitzordnung – mit denen Sie große Erfolge erzielen können. Vielleicht macht es auch am Anfang etwas Mühe, soche neuen Maßnahmen einzuführen. Aber die Mühe lohnt sich. Denn wenn solche Maßnahmen erst einmal zur Selbstverständlichkeit geworden sind, erleichtern sie der ganzen Familie das Leben.

Wir wünschen uns, daß diese – oft nur kleinen – Maßnahmen auch bei Ihnen eine große positive Wirkung zeigen.

Ein neutraler Dritter: der Wecker

__Vanessa__ hat morgens keine Lust aufstehen. Ihre Mutter muß sie mehrmals wecken. Bis zu siebenmal rennt sie von der Küche in Vanessas Zimmer. Der Umgangston zwischen Mutter und Tochter am Frühstückstisch ist dann nicht gerade freundlich.

Auch __Tobias__ hat Schwierigkeiten aufzustehen. Täglich raunzt er noch im Halbschlaf seine Mutter an: „Hau ab, ich will schlafen". Seine Mutter fühlt sich dadurch angegriffen.

Mit vielen solcher Berichte, meist von enttäuschten Müttern, werden wir in der Praxis konfrontiert.

Bewährt hat sich in solchen Fällen der Wecker – als „neutraler Dritter", der ohne Wut, Enttäuschung oder sonstige Gefühle einfach sachlich und zuverlässig seinen Job macht. Am besten gehen Sie gemeinsam mit Ihrem Kind einen Wecker kaufen, der ihm gefällt. Das eine Kind mag lieber vom Hahnenschrei geweckt werden, das andere vom Piepston. Lassen Sie dann Ihr Kind jeden Abend vor dem Schlafengehen selbst den Wecker auf die richtige Weckzeit einstellen. Kontrollieren Sie, ob die eingestellte Weckzeit stimmt. Und stellen Sie dann den Wecker so weit von Ihrem Kind entfernt, daß es aufstehen muß, um das Signal abzuschalten.

Es gibt bei der „Wecker-Methode" allerdings auch einiges zu bedenken:

- Ihr Kind läßt den Wecker zu lange klingeln. Inzwischen ist das gesamte Haus wach.
- Ihr Kind stellt den Wecker aus und legt sich zurück ins Bett.
- Ihr Kind hat vielleicht kein eigenes Zimmer. Geschwister, die noch weiterschlafen sollten, werden unnötig geweckt.

Wir haben gute Erfahrungen damit gemacht, den Wecker mit einem Punkte-Plan zu koppeln. Selbstverständlich kann der Punkte-Plan auch unabhängig von der „Wecker-Methode" eingesetzt werden.

Vom Sollen zum Wollen: Das „Punkte-Plan-Spiel“

Was ist ein Punkte-Plan? Was soll er bewirken? Was können Sie mit ihm erreichen?

Der Punkte-Plan ist ein klar gegliedertes **Anreiz-System**, das Ìhrem Kind hilft, unerwünschtes Verhalten abzulegen und neue, gewünschte Verhaltens-Muster aufzubauen. Der Punkte-Plan ist ein Programm, das Sie speziell auf Ihr Kind, seine Probleme und Ihre häusliche Situation abstimmen können.

Wie Sie einen solchen Punkte-Plan erstellen können, möchten wir Ihnen am Beispiel von Max schrittweise aufzeigen:

Schritt 1:
Max' Mutter hat sich einmal hingesetzt und alles aufgeschrieben, was jeden Morgen Ärger macht und oft zum Streit führt.

Schritt 2:
Aus diesen Schilderungen haben wir gemeinsam mit Max' Eltern die Situationen herausgesucht, die verändert werden sollten:

1) Viele Male muß Max gerufen werden, bevor er ins Bad geht
2) Er vergißt, sich im Bad zu kämmen
3) Er spielt anstatt sich anzuziehen
4) Er erscheint zu spät am Frühstückstisch
5) Er will etwas essen, was nicht mehr da ist
6) Es gibt Streit am Frühstückstisch

Schritt 3:
Jeder einzelnen aufgelisteten Situation ordneten wir, in Zusammenarbeit mit den Eltern, den gewünschten Zielzustand zu.
Die zu verändernden Situationen haben wir mit „Vorher“, den gewünschten Zielzustand mit „Nachher“ bezeichnet.

Vorher	Nachher
1) Viele Male muß er gerufen werden, bevor er ins Bad geht	Montags – donnerstags um 7 Uhr, freitags um 8 Uhr pünktlich im Bad erscheinen
2) Er vergißt, sich im Bad zu kämmen	Im Bad: Zähneputzen, Waschen, Eincremen, Kämmen. Nicht länger als 10 Minuten
3) Er spielt anstatt sich anzuziehen	Montags bis donnerstags um 7.20 Uhr (freitags 8.20 Uhr) korrekt angezogen den Ranzen und andere Schulmaterialien an der Haustür deponieren
4) Er erscheint zu spät am Frühstückstisch	Binnen 1 Minute (nachdem Ranzen etc. an die Haustür gebracht wurde) in die Küche zum Frühstück
5) Er will essen, was nicht mehr da ist	Geregeltes Frühstück
6) Es gibt Streit am Frühstückstisch	Kein Streit zwischen den Geschwistern. Das wurde konkret definiert: Es gibt kein Anschreien, kein Anfassen, kein Treten, kein Anspucken

Schritt 4:
Gemeinsam überlegten wir dann, welche anderen zusätzlichen Maßnahmen hilfreich sein könnten.

Wir beschlossen bei Max, Punkt 5 lieber durch die „Frühstücksliste“ zu regeln und nicht in den Punkte-Plan einzubeziehen.

Schritt 5:
Der nächste Schritt in diesem Programm ist der eigentliche **Punkte-Plan.** Der morgendliche Punkte-Plan für Max sah folgendermaßen aus:

Situation	**bis**	**max. Punkte**	**erreichte Punktezahl am**				
			Mo.	**Di.**	**Mi.**	**Do.**	**Fr.**
• Erscheinen im Bad Mo-Do Fr	 7.00 h 8.00 h	3	___	___	___	___	___
• Zähneputzen, waschen, eincremen, kämmen	sofort	3	___	___	___	___	___
• Korrekt anziehen, Sachen zur Tür Mo-Do Fr	 7.20 h 8.20 h	2	___	___	___	___	___
• In die Küche	sofort	1	___	___	___	___	___
• Keinen Streit	sofort	3	___	___	___	___	___
Erreichte Punktzahl pro Tag (max. 12)			___	___	___	___	___
Erreichte Punktzahl Mo-Fr (max. 60)							___

Wenn auch Sie einen Punkte-Plan für Ihr Kind erstellen möchten, gehen Sie ganz einfach gemäß den Schritten 1-5 im Max-Beispiel vor:

1) Schreiben Sie unverblümt Ihre morgendliche Situation auf
2) Unterstreichen Sie dann die Situationen, die Sie verändern wollen
3) Notieren Sie sich zu jeder negativen Situation Ihr Wunschziel
4) Machen Sie sich Gedanken über weitere hilfreiche Maßnahmen
5) Überlegen Sie sich genau, wie schwer Sie welche Situation gewichten, d.h. wie viele Punkte Ihnen eine gewisse Handlung „wert“ ist.

Setzen Sie für jede Handlung eine maximale Punktzahl fest. **Bevor Sie mit dem Punkte-Plan beginnen**, besprechen Sie unbedingt mit Ihrem Kind ganz konkret, wieviel Punkt-Abzug es gibt, wenn Teile des Plans (z.B. Zähneputzen) nicht eingehalten werden. Der sicherste Weg ist, das schriftlich festzuhalten. Rüsten Sie sich für alle Eventualitäten. Lassen Sie sich nicht auf das Feilschen um Minuten ein. Der Punkte-Plan soll nicht Anlaß zu endlosen Diskussionen sein. Deshalb müssen Sie direkt am Anfang sicherstellen, daß Ihr Kind den Plan begreift und die Punkte-Wertung akzeptiert.

Nachdem Sie Ihre Liste soweit erstellt haben, bleibt nur noch das „Verrechnen" der Punkte zu beachten und die Überlegung: Wo hängen wir den Punkte-Plan auf?

Besprechen Sie mit Ihrem Kind, an welcher Stelle der Punkte-Plan gut sichtbar angebracht werden kann. Die Küche ist häufig ein geeigneter Ort dafür:

- Morgens können die Punkte dort direkt nach dem Erledigen der Pflichten eingetragen werden.
- Nachmittags, nach den Hausaufgaben, gehen Sie gemeinsam in die Küche und schreiben die Punkte auf.
- Abends nach dem gemeinsamen Essen kann in aller Ruhe zusammengezählt werden.

Es gibt allerdings Kinder, die nicht wollen, daß „Nicht-Familienmitglieder" den Plan sehen, eventuell wird Ihre Küche aber gern besucht. Suchen Sie dann mit Ihrem Kind eine andere geeignete Stelle aus.

Bitte achten Sie darauf, daß der Punkte-Plan möglichst genau geführt wird. Tragen Sie die Punkte möglichst unmittelbar nach dem positiven Verhalten des Kindes ein. Diese positive Verstärkung des richtigen Verhaltens motiviert Ihr Kind, weiter mitzuarbeiten.

Die Durchführung des Plans ist zunächst ziemlich anstrengend. Nicht nur Ihr Kind, sondern auch Sie müssen Gewohnheiten ändern. Doch es wird sich auch bei Ihnen „einspielen". Und schon bald werden Sie erleben, daß der Punkte-Plan auch für Sie selbst sehr sinnvoll ist. Er wirkt wie ein stützendes Geländer, an dem jeder sich festhalten und „entlanghangeln" kann. Aus dem hektischen Alltag wird nach und nach ein gelassener, geregelter Tagesablauf.

Der Punkte-Plan ist ein Anreiz-System. Das heißt: Sie müssen Ihrem Kind einen Anreiz bieten, damit es möglichst viele Punkte erreichen will. Denn nur, wenn Ihr Kind selbst will, wird es sich auch bemühen, ein Verhalten an den Tag zu legen, das ihm Punkte bringt.

So schaffen Sie mit Ihrem Kind den **Schritt vom Sollen zum Wollen**.

Wichtig ist auch, daß Ihr Kind täglich einen Anreiz bekommt, damit es jeden Tag aufs Neue motiviert wird, sich so zu verhalten, wie Sie es mit ihm geplant und verabredet haben.

Deshalb sollten Sie **Tages-** und **Wochen-Wertungen** einführen.

Max *zum Beispiel bleibt abends gern etwas länger auf – und am Wochenende übernachtet er am liebsten bei seinen Großeltern.*

Deshalb haben seine Eltern folgende ***Tages-Wertung*** *mit ihm vereinbart:*

- *Erreicht Max mehr als 10 der 12 möglichen Tages-Punkte (also 11 oder 12), darf er abends eine halbe Stunde länger aufbleiben.*
- *Erreicht er die Mindestpunktzahl 10, darf er nicht länger aufbleiben, muß aber auch nicht früher ins Bett.*
- *Erreicht er weniger als 10 Tages-Punkte, muß er abends eine halbe Stunde früher ins Bett.*

Die ***Wochen-Wertung*** *sieht so aus:*

- *Erreicht Max mehr als 50 der 60 möglichen Wochen-Punkte, darf er bei seinen Großeltern übernachten.*
- *Erreicht er die Mindestpunktzahl 50, bleibt er am Samstagabend zu Hause, darf aber länger aufbleiben als vor den Schultagen.*

- *Erreicht er aber weniger als 50 Wochen-Punkte, gibt es kein Großeltern-Programm und kein Samstagabend-Programm. Dann muß Max samstags zur gleichen Zeit ins Bett wie an den Abenden vor den Schultagen.*

Jedes Kind hat andere Wünsche, für die es bereit ist, sich anzustrengen. Finden Sie heraus, welche Anreize für Ihr Kind so attraktiv sind, daß es bereit ist, dafür sein Verhalten zu ändern. Verhaltensänderung kostet immer Energie – für Erwachsene genauso wie für Kinder. Und wenn Ihr Kind diese Energie aufbringt (und damit zur Verbesserung Ihrer Gesamtsituation beiträgt), dann sollte es auch eine angemessene Belohnung bekommen.

Der ganze Punkte-Plan und sein Anreiz-System funktionieren natürlich nur, wenn Ihr Kind die Spielregeln kennt und akzeptiert. Das heißt: Sie müssen den Plan gemeinsam mit Ihrem Kind aufstellen und die Punkte-Wertung klar mit ihm vereinbaren.

Überlegen Sie, was Ihrem Kind wichtig ist, wonach es strebt. Ein Belohnungssystem kann nur dann funktionieren, wenn es etwas gibt, was Ihr Kind unter allen Umständen erlangen möchte, und was es ohne das System nicht oder nur äußerst schwierig bekommt.

Wenn Sie zu den Eltern gehören, die sich sagen müssen: „Ich kann nichts finden, wonach mein Kind strebt", lassen Sie sich die Rechte und die Pflichten Ihres Kindes einmal durch den Kopf gehen. Wahrscheinlich hat Ihr Kind sehr viele Rechte und nur wenige Verpflichtungen.

Unter Rechten verstehen wir z.B. nahezu unbegrenzten Zugang zu Fernseher, Computer und Süßigkeiten. Es gibt Kinder, für die es selbstverständlich ist, daß sie immer ihre Lieblingsspeisen bekommen, und daß ihre Mutter jeden Tag ihr Zimmer aufräumt.

Unter Verpflichtungen verstehen wir z.B. die Verrichtung von täglichen Arbeiten wie: Tisch decken und abräumen, Spülen bzw. Spülmaschine ein- und ausräumen, Getränke holen etc.

Wie viele „Rechte" nimmt Ihr Kind in Anspruch – und welche Verpflichtungen übernimmt es?

Nehmen wir einmal an, Sie haben nichts gefunden, was Ihr Kind unbedingt erreichen will. Dann liegt das vielleicht daran, daß Ihr Kind alle seine „Rechte“ in Anspruch nehmen darf, ohne dafür eine Gegenleistung zu erbringen. Mit welchem Anreiz wollen Sie Ihr Kind dann noch dazu motivieren, sein Verhalten zu ändern?

Unser Vorschlag: Erklären Sie Ihrem Kind zunächst einmal das **„Geben-und-Nehmen-Prinzip“**. Machen Sie ihm klar, daß Geben und Nehmen sich die Waage halten müssen, wenn in der Familie alles im Lot sein soll. Der Grundgedanke ist ganz einfach – und auch für Kinder leicht einzusehen: **„Wer etwas haben will, muß etwas dafür tun“.** Umgekehrt heißt das: **„Wer nicht bereit ist, etwas zu tun, der kann auch nicht alles haben“**.

Auf diesem simplen Prinzip beruht das „**Punkte-Plan-Spiel**“:

- Mindestpunktzahl übertroffen: Gewonnen
- Mindestpunktzahl erreicht: Unentschieden
- Mindestpunktzahl nicht erreicht: Verloren

So können Sie auch einem Kind, daß nichts erreichen will, weil es sowieso schon alles darf, das Punkte-Plan-Spiel erklären:

- Die Annehmlichkeiten, die Ihr Kind bisher in Anspruch genommen hat, ohne etwas dafür zu tun, gibt es in Zukunft nur noch, wenn Ihr Kind durch sein Verhalten mehr als die Mindestpunktzahl erreicht.
- Erreicht es nur die vereinbarte Mindestpunktzahl, gibt es keine Annehmlichkeit.
- Erreicht es weniger Punkte als die Mindestpunktzahl, gibt es keine Annehmlichkeit – und das Kind muß eine zusätzliche Verpflichtung übernehmen.

Umgekehrt kann der Anreiz für Ihr Kind aber auch in der Befreiung von bestimmten Pflichten bestehen. Wenn Ihr Kind also bisher bereits – im Sinne von Geben und Nehmen – bestimmte Verpflichtungen im Haushalt übernommen hat, kann das Punkte-Plan-Spiel so funktionieren:

- Erreicht Ihr Kind mehr als die Mindestpunktzahl, wird es von bestimmten Pflichten befreit.
- Erreicht es die Mindestpunktzahl, bleiben die Pflichten bestehen.
- Erreicht es die Mindestpunktzahl nicht, bleiben die Pflichten bestehen – und es kommt noch eine Verpflichtung hinzu.

Sie wissen selbst am besten, welche Anreize für Ihr Kind am stärksten sind. Stellen Sie ihm diese Anreize dafür in Aussicht, daß es durch sein Verhalten die entsprechende Punktzahl erreicht. Machen Sie ihm aber gleichzeitig deutlich, welche Folgen es hat, wenn die vereinbarte Punktzahl nicht erreicht wird: Entweder Verzicht auf Annehmlichkeiten oder Beibehaltung von Pflichten, von denen Ihr Kind sich durch Erreichen der Punktzahl hätte befreien können.

Drei Voraussetzungen sind für das Gelingen des „Punkte-Plan-Spiels“ besonders wichtig:

- **Erstens:**
  Ihr Kind muß die Spielregeln vorher kennen und akzeptieren. Erarbeiten Sie den „Vorher-Nachher“-Plan gemeinsam. Legen Sie die Punktewertung gemeinsam mit ihm fest. Nur, wenn Ihr Kind die Spielregeln kennt, kann es sich entsprechend verhalten. Nur, wenn Ihr Kind an den Spielregeln selbst mitgearbeitet hat, akzeptiert es sie und macht sie zu seinen eigenen Spielregeln. Denken Sie daran: Es ist für Ihr Kind leichter und macht mehr Spaß, nach den eigenen Spielregeln zu spielen als nach Regeln, die Sie ihm aufgezwungen haben. Und für Sie – als „Trainer“ in diesem Punkte-Plan-Spiel – ist es wichtig, sich immer wieder auf die gemeinsam aufgestellten Spielregeln beziehen zu können.
- **Zweitens:**
  Ihr Kind muß die Anreize, die Sie mit ihm verabredet haben, wirklich selbst unbedingt wollen. Deshalb ist es wichtig, diese Anreize mit ihm genau zu besprechen und auszuhandeln. Denn nur, wenn Ihr

Kind seine Ziele wirklich erreichen will, wird es sich anstrengen, um die nötige Punktzahl zu schaffen.

- **Drittens:**
  Ihr Kind muß erkennen, daß es aus eigener Kraft ganz allein in der Lage ist, seine Punkte zu schaffen, seine Ziele zu erreichen und seine Belohnung zu kassieren. Nur so können Sie vermeiden, daß Ihr Kind die Flinte ins Korn wirft.

Manche Eltern fragen sich (und uns), ob es richtig sei, das Kind zu „bestrafen", wenn es seine angestrebte Mindestpunktzahl nicht erreicht.

Die Antwort: Hier geht es nicht um eine Strafe, sonder eher um eine zweite „Motivations-Brennstufe". Intensive wissenschaftliche Forschungen haben ergeben, daß es ohne diese „2. Brennstufe" nicht immer geht.

Stellen Sie sich vor, Ihr Kind hat schon gleich nach dem Aufstehen, etwa durch Trödelei, zwei seiner Punkte verloren. Seine Belohnung für diesen Tag hat es somit schon vertan. Was motiviert das Kind trotzdem, sich an diesem Vormittag weiterhin zu bemühen? Die Aussicht, durch Erreichen der Mindestpunktzahl auf jeden Fall ein „Unentschieden" zu erreichen und lästige Pflichten zu vermeiden. Diese Aussicht wird Ihr Kind motivieren, „dranzubleiben" und wenigstens die Mindestpunktzahl zu schaffen.

Rechnen Sie nicht damit, daß Ihr Kind von Anfang an die volle Punktzahl erreicht. Seien Sie darüber nicht enttäuscht – und machen Sie ihm vor allem keine Vorwürfe. Denn Sie wollen Ihr Kind ja nicht ***ent***mutigen sondern ***er***mutigen. Aller Anfang ist schwer. Und je mehr Verhaltensweisen zu ändern sind, um so mehr muß sich Ihr Kind anstrengen. Wissen wir nicht selbst, wie schwierig es ist, Angewohnheiten zu ändern?

Deshalb freuen Sie sich mit Ihrem Kind über seine Erfolge – auch wenn es zunächst nur kleine Anfangs-Erfolge sind. So ermutigen Sie Ihr Kind weiterzumachen und sich täglich neue Erfolgs-Erlebnisse zu verschaffen.

Auf jeden Fall wird der Punkte-Plan vom ersten Tag an positive Veränderungen bringen. Falls das nicht der Fall ist, stimmt irgend etwas mit dem Punkte-Plan nicht. Gehen Sie den Plan und die Spielregeln noch einmal gemeinsam mit Ihrem Kind durch. In der Regel finden Sie dann den „Knackpunkt“. Falls nicht, wenden Sie sich bitte an einen Fachmann.

Ihr Schulpsychologe, ein verhaltenstherapeutischer Kinderpsychologe oder eventuell eine Selbsthilfegruppe kann Ihnen helfen, einen wirksamen Plan zu erstellen, der für Ihr Kind paßt. Scheuen Sie den Weg dorthin nicht. Der Weg lohnt sich.

Manchmal empfiehlt es sich auch, nicht sofort alles auf einmal erreichen zu wollen, sondern in kleineren Schritten vorzugehen – zum Beispiel mit dem „Miniplan“.

Der Miniplan

Der Miniplan ist die gekürzte, vereinfachte Form des Punkte-Plans. Sie spielen sozusagen Minigolf, bevor Sie mit dem richtigen Golfspiel beginnen. Und das funktioniert so:

Anstatt alle störenden Verhaltensweisen auf einmal anzugehen, geben Sie sich beim Miniplan zunächst mit kleinen Schritten zufrieden.

Schritt 1:
Sie schreiben die morgendliche Situation in Ihrer Familie auf.

Schritt 2:
Nun unterstreichen Sie zunächst eine oder zwei Situationen, die geändert werden sollen. Suchen Sie nur ein oder zwei Verhaltensweisen des Kindes heraus, die zu wünschen übrig lassen.

Schritt 3:
Nachdem Sie in Schritt 2 überlegt haben, was Sie verändern wollen, legen Sie nun fest, welches Ziel Sie erreichen wollen.

Schritt 4:
Das Endziel wird kurz formuliert und im Punkte-Plan aufgeschrieben.

Schritt 5:
Das Belohnungsprinzip erfolgt:

- entweder über Punkteverteilung und Verrechnung wie im großen Punkte-Plan.
- oder über zu sammelnde Sticker (hat sich insbesondere sehr gut bei kleineren Kindern bewährt), die verrechnet werden.
- oder über direkte kleine Anerkennungen.
  Die ersparen Ihnen das Verrechnen der Punkte, das vielen lästig ist. Bitte machen Sie aber nicht den Fehler und verzichten auf die Liste mit dem Gedanken: „Es reicht doch, wenn ich sage: ‘Es gibt an jedem Morgen ein kleines Geschenk, wenn du pünktlich, gewaschen, gekämmt und eingecremt erscheinst.’“ Ohne Liste vergessen wir Erwachsenen schnell einmal etwas und werden leicht inkonsequent. Die Liste ist unser Wächter. Durch das korrekte Führen der Liste geben Sie Ihrem Kind ein wertvolles Beispiel in bezug auf Organisation. Bitte vergessen Sie niemals, sofort einzutragen, wenn Ihr Kind die Belohnung erhalten hat. (z.B. unter Mo: „A.g.“ = Anerkennung gehabt).

Für die Kinder stellt die Liste eine Art Vertrag dar, der von beiden Seiten einzuhalten ist. Bedenken Sie: **Klarheit gibt Struktur – und Struktur gibt Sicherheit**. Auf der Liste bleibt für Ihr Kind sein Erfolg auch dann noch sichtbar, wenn die kleine Anerkennung längst eingetauscht, verloren oder aufgegessen ist. Die Liste hat also eine Art Langzeit-Wirkung: Bei jedem Blick auf die Liste ist Ihr Kind stolz, was es schon alles erreicht hat.

Es hat sich bewährt, die Wochenlisten abzuheften und am Ende des Monats gemeinsam mit dem Kind nochmal durchzusehen. Zeigen Sie Ihrem Kind, wie stolz Sie auf seine guten Erfolge sind.

Am Beispiel von Max könnte der **Miniplan** folgendermaßen aussehen:

Situation	bis	max. Punkte	erreichte Punktezahl am				
			Mo.	**Di.**	**Mi.**	**Do.**	**Fr.**
• Angezogen		1					
• Gewaschen		1					
• Gekämmt		1					
• Pünktlich in der Küche erscheinen Mo-Do Fr	 7.20 h 8.20 h	1					

Für Anziehen, Waschen, Kämmen und pünktliches Erscheinen werden maximal 4 Sticker eingeklebt.

Tages-Wertung:
- 4 Sticker: Gewonnen
- 3 Sticker: Unentschieden
- 1 oder 2 Sticker: Verloren

Wochen-Wertung:
- 20 Sticker: Gewonnen
- 15 Sticker: Unentschieden
- Weniger als 15 Sticker: Verloren

Die Anreize für Max sind, wie Sie bereits wissen, das Länger-Aufbleiben-Dürfen (Tages-Wertung) und das Übernachten bei den Großeltern am Wochenende (Wochen-Wertung). Welche Anreize Ihr Kind dazu bringen, Punkte zu sammeln und das Spiel zu gewinnen, wissen Sie selbst am besten.

Sobald die gewünschte Verhaltensweise durch die Unterstützung des Miniplans „selbstverständlich" geworden ist, nehmen Sie die nächste zu verändernde Verhaltensweise in Angriff. Anstatt „angezogen, gewaschen, gekämmt und pünktlich in der Küche sein" setzen Sie z.B. „kein Streit am Frühstückstisch" ein.

Kapitel 6: Das Wichtigste in Kürze

- Eine der Voraussetzungen für ein strukturiertes Lernverhalten ist ein regelmäßiger Tagesablauf. Mit einfachen Mitteln, z.B. mit der Frühstücksliste, sorgen Sie dafür, daß Ihr Kind gut in den Tag kommt und in der Schule den Kopf für's Lernen frei hat.

- Das Punkte-Plan-Spiel ist ein erfolgreiches Instrument, das Ihnen hilft, gemeinsam mit Ihrem Kind einen regelmäßigen Tagesablauf zu gestalten und einzuhalten und so ein strukturiertes Lernen sicherzustellen.

- Ihr Kind kann mit seinem Verhalten selbst steuern, ob es sich Privilegien verdient oder auf Gewohntes verzichten muß. Durch die Unterscheidung von Tages- und Wochen-Wertung kann Ihr Kind auch bei einer „verlorenen" Tages-Wertung noch den Gesamtsieg in der Wochen-Wertung erringen und sich so selbst motivieren.

7

„Was hab' ich bloß auf?" – Lernerfolge nach Plan

In diesem Kapitel erfahren Sie...

- wie Sie mit Ihrem Kind ein Hausaufgaben-Konzept erstellen
- wie Ihr Kind mit einem Klassenarbeits-Plan die Voraussetzung für seine Schulerfolge schafft

Hausaufgaben erfolgreich erledigen

Hausaufgaben sollen bei Grundschulkindern den in der Schule durchgesprochenen Lernstoff vertiefen.

Am Anfang der Schullaufbahn erledigen viele Schüler ihre Hausaufgaben noch mit Begeisterung. In der Regel läßt diese Begeisterung jedoch sehr bald nach – und die Hausaufgaben werden zum notwendigen Übel. Einige Kinder bezeichnen Hausaufgaben sogar als Qual, Grauen, Drama oder ähnliches. Diese Bezeichnungen hören wir allerdings nicht nur aus dem Munde von Schülern, sondern häufig auch von deren Müttern. Sie als Mutter haben die hausaufgabenfreie Ferienzeit sicher schon genauso oft herbeigesehnt wie Ihr Kind.

Max' Mutter ging es nicht anders:

„Wenn ***Max*** *nach Hause kommt, holt er sich sein Mittagessen, setzt sich vor den Fernseher und ißt. Ungefähr eine Stunde lang lasse ich ihn fernsehen, damit er sich entspannen kann. Dann fordere ich Max auf, mit seinen Hausaufgaben anzufangen. Fast immer antwortet er: ‚Es ist aber gerade so spannend', oder ‚Nur noch die eine Szene' oder ‚Ja, gleich'. Das führt gewöhnlich dazu, daß ich beim fünften oder sechsten Mal wütend die Sicherung fürs Wohnzimmer ausdrücke. Denn das Spielchen ‚ich schalte den Fernseher aus – er schaltet ihn wieder ein' hatten wir schon oft. Aber dann müßten Sie ihn mal erleben: Wie Rumpelstilzchen tobt er durchs Zimmer. Er schreit herum, und ich schreie noch lauter, um gegen sein Gebrüll überhaupt anzukommen. Manchmal muß ich ihn dann regelrecht am Kragen packen und in sein Zimmer vor den Schreibtisch schleifen. Wenn ich dann wieder das Chaos auf seinem Schreibtisch sehe, fege ich das gesamte Durcheinander mit der Hand auf den Fußboden. Ich schreie nun den zeternden Max an, endlich mit den Hausaufgaben anzufangen.*

Meist weiß er allerdings gar nicht, welche Hausaufgaben er machen soll. Dann kann ich erst einmal herumtelefonieren. Und wenn wir dann endlich die benötigten Schulsachen aus dem Ranzen gefischt haben (Fotokopien liegen meist zerknüllt ganz unten im Ranzen), klingelt unter Garantie das Telefon. Schnell wie der Blitz, bevor ich überhaupt etwas sagen kann, startet Max zum Telefon. Ich ermahne mich zur Ruhe, und wir nehmen nach dem Telefonat einen zweiten Anlauf. Schon nach ein paar geschriebenen Worten jedoch muß Max unter Garantie dringend zur Toilette oder ist am Verdursten. Die Hausaufgaben werden abermals unterbrochen. Die gesamte Hausaufgaben-Situation ist schlichtweg ein Horror. Haben wir das Hausaufgaben-Pensum endlich geschafft, bin ich genervt, unzufrieden und erschöpft. Max läßt nach dem letzten Wort den Stift fallen und rennt erleichtert aus dem Zimmer.“

Die Erstellung eines Hausaufgaben-Konzeptes

In diesem Beispiel von Max stecken zwei Themenbereiche, die uns Eltern immer wieder zu schaffen machen: Die „**Ordnungs**-Schwierigkeiten“ und die „**Zeitmanagement**-Schwierigkeiten“ unserer Kinder.

In den Bereich **„Ordnung“** gehört:
- Eine übersichtliche Schreibtisch-Situation
- Ein ordentlich gepackter Ranzen
- Vermeidung von Ablenkungen

Beim positiven „**Zeitmanagement**“ ist zu achten auf:
- Pünktliches Beginnen mit den Hausaufgaben
- Abhilfe bei Trödelverhalten

Ihnen leuchtet das sicher sofort ein. Aber gleichzeitig fragen Sie sich: „Wie soll ich das meinem Kind schmackhaft machen?“. Kinder halten nun mal nicht gern Ordnung. Sie empfinden das Ordnunghalten als lästig und überflüssig. Wir aber wollen, daß unsere Kinder **von selbst** Ordnung halten – aus eigenem Antrieb. Und wenn wir **das** erreichen wollen, dann müssen wir unseren Kindern das Ordnunghalten richtig „verkaufen“ – wir müssen ihnen nämlich klarmachen, was sie davon haben, wenn sie Ordnung halten, z.B.:

- „Wenn du deinen Schreibtisch immer schön in Ordnung hältst, bist du wesentlich schneller mit den Hausaufgaben fertig. Du sparst Zeit, weil du nicht immer erst alles suchen mußt.“
- „Wenn du deinen Ranzen immer ordentlich und übersichtlich gepackt hast, ersparst du dir viel Ärger in der Schule. Du findest sofort alles, was du brauchst – und dein Lehrer hat keinen Grund, dich auszuschimpfen.

Wir Menschen ändern unser Verhalten immer nur dann, wenn wir uns einen Nutzen davon versprechen. Das ist bei Kindern nicht anders. Deshalb muß Ihr Kind erst einmal begreifen, was ihm das Ordnunghalten überhaupt bringt, bevor Sie anfangen, ihm zu zeigen, wie man am besten Ordnung schafft und hält.

Hier nun einige Vorschläge und Anleitungen, wie Sie durch Ordnung und Zeitmanagement das Thema „Hausaufgaben“ so bewältigen können, daß Ihr Kind gern und erfolgreich arbeitet und Sie Ihre Nerven behalten.

Ordnung und Übersicht auf dem Schreibtisch

Ein geordneter Arbeitsplatz ist die Voraussetzung für zügiges Arbeiten – und zügiges Arbeiten spart Zeit. Der Arbeitsplatz wird niemals unaufgeräumt verlassen. Nach dem Erledigen der Hausaufgaben wird er sofort wieder korrekt für den nächsten Tag vorbereitet – und schon wieder hat Ihr Kind Zeit gespart, weil es am nächsten Tag sofort mit den Hausaufgaben beginnen kann.

Wie sollte die Situation „um den Schreibtisch“ im Idealfall aussehen?

Alle Dinge, die zum Arbeiten gebraucht werden – wie z.B. Bücher, Lineal, Radiergummi, Stifte, Ersatzfüller, Patronen, Wecker oder Eieruhr (Näheres unter „Zeitmanagement“) – sollen mühelos erreichbar sein. Andere Gegenstände wie Autos, Lego, Spielkarten etc. lenken vom Wesentlichen ab. Sie haben auf dem Schreibtisch nichts verloren. Der Schreibtisch ist kein Spieltisch. Er ist ein Arbeitsplatz. Ein zusätzlicher kleiner Tisch im Kinderzimmer – ausschließlich zum Spielen – erleichtert das Ordnunghalten sehr. Arbeitsmaterialien sind immer wieder an die gleiche Stelle zu legen. Der Griff zum Lineal oder Kinderlexikon soll – ohne zu überlegen – wie mit verbundenen Augen klappen. Denn Suchen unterbricht den Lernvorgang und kostet unnötige Zeit.

Lassen Sie Ihr Kind hin und wieder mit verbundenen Augen oder einer Augenmaske (sehr beliebt bei den Kindern) die Gegenstände auf seinem Schreibtisch greifen. Kann es den Gegenstand finden? Wie lange sucht es? Stoppen Sie die Zeit. Versuchen Sie es selbst auch einmal – und diesmal darf Ihr Kind die Zeit nehmen. Machen Sie ein Spiel daraus, das Ihnen beiden Spaß macht.

Wenn Ihr Kind seine Sachen im wahrsten Sinne des Wortes „blindlings“ findet, hat es einen wichtigen Schritt zum reibungslosen, effektiven Lernen getan.

Helfen Sie Ihrem Kind, seinen Arbeitsplatz zu strukturieren. Gestalten Sie ihn so übersichtlich wie nur irgend möglich:

- Kaufen oder basteln Sie mit Ihrem Kind Kästchen für die Stifte und Stehsammler für die Hefte.
- Bei einem kleinen Schreibtisch ist ein Regal (Brett) über dem Schreibtisch als Ablage oft hilfreich.

- Organisieren Sie durch Farben. Farben schaffen nicht nur freundliche Atmosphäre – sie lassen uns auch auf einen Blick erkennen, was wohin gehört, oder welche Materialien zusammengehören.
- Binden Sie zum Beispiel alle Deutsch-Materialien (Bücher, Hefte) in Abstufungen der Farbe grün ein, alle Mathematik-Materialien in Abstufungen der Farbe blau usw. Die Stehsammler auf dem Regal werden ebenfalls in dem dazugehörigen Farbton beklebt.
- Bringen Sie über oder neben dem Schreibtisch Ihres Kindes einen überdimensional großen Stundenplan an. Tragen Sie, oder lassen Sie noch besser Ihr Kind die Schulfächer in den entsprechenden Farben eintragen, z.B.: Deutsch grün – Mathe blau (Näheres dazu im folgenden Abschnitt).

Ordnung im Schulranzen

Jennifer *sucht im Mathe-Unterricht verzweifelt in ihrem Ranzen nach dem Heft. Sie kann es nicht finden. Deshalb bekommt sie vom Lehrer einen „Strich“ für fehlende Hausaufgaben eingetragen. Sie ist darüber sehr traurig. Sie hat doch die Hausaufgaben gestern sorgfältig erledigt. Auf dem Nachhauseweg will sie ihrer Freundin das neue Stickeralbum zeigen. Sie kramt im Ranzen, und dabei fällt ihr das Mathematikheft in die Hände.*

Marc *steht allein vor seinem Klassenzimmer. Die Tür ist abgeschlossen. Er kann nicht verstehen, daß keiner seiner Mitschüler da ist. Nachdem er längere Zeit unruhig gewartet hat, kommt sein Religionslehrer über den Gang. Er erinnert ihn daran, daß seine Klasse in den Zoo gefahren ist. Der Benachrichtigungs-Zettel an die Eltern, daß die Kinder heute eine halbe Stunde früher in der Schule sein sollen, liegt zerknüllt in Marcs Ranzen.*

Helfen Sie Ihrem Kind beim ersten Mal, seinen Ranzen zu ordnen. Dazu sollten Sie den Ranzen zuerst einmal komplett ausleeren. Sie werden überrascht sein, was alles zum Vorschein kommt. Sortieren Sie alle Dinge aus, die für die Schule nicht notwendig sind. Organisieren Sie den Inhalt des Ranzens mit ebensoviel Bedacht wie das Umfeld des Schreibtisches. So schützen Sie sich und Ihr Kind vor bösen Überraschungen.

Einige **Tips**, die Eltern und Kinder immer wieder als hilfreich empfunden haben:

- Manche Kinder kommen mit Abtrennungen im Ranzen für die verschiedenen Fächer gut zurecht: Ein Abteil für Deutsch, eins für Mathematik und eins für Sachkunde. Obenauf das Mäppchen.
- Wie der Name „Ordner" schon sagt, ist ein Ringordner hilfreich, um Ordnung zu halten. Erklären Sie Ihrem Kind den Umgang mit einem solchen Ordner. Dann wird es auch nicht versuchen, ihn mit Gewalt zu öffnen und dabei kaputtmachen – und das nur, weil es den Mechanismus noch nicht gekannt hat. Lochen Sie alle Hefte Ihres Kindes, und heften Sie sie farbig sortiert ein. Kartonteiler in der entsprechenden Farbe (z. B.: Deutsch – grün) zwischen den verschiedenen Fächern, korrekt beschriftet, erleichtern das Abheften – und vor allem das rasche Finden.
- Sehen Sie im Ordner auch einen Abschnitt für Kopien vor. Bitten Sie den Klassenlehrer darum, alle Kopien gelocht auszuteilen. Er sollte ebenfalls darauf achten, daß alle Kopien, die er austeilt, sofort abgeheftet werden. Mit der Zeit macht Ihr Kind das ganz von selbst, und lästiges Suchen und Vergessen entfällt. Durch das Abheften wird Zeit gespart.Weniger bewährt haben sich Mappen zum Einlegen der Hefte. Meist leiden die Hefte, weil die Kinder sie nach der Stunde eilig hineinstopfen.

Nachdem Sie nun gemeinsam ein Ordnungs-System für den Ranzen geschaffen haben, geht es darum, den Ranzen systematisch und ordentlich zu packen. Auch dabei können – und sollten – Sie Ihrem Kind anfangs helfen.

Ein Blick auf den großen Stundenplan sagt beispielsweise:

8.00 – 8.45	Mathematik
8.50 – 9.35	Mathematik
9.50 – 10.35	Deutsch
10.40 – 11.25	Kunst

Gemäß dem Stundenplan werden für den nächsten Tag zuerst die Mathematiksachen eingepackt, dann die für Deutsch, und anschließend die Materialien für den Kunstunterricht bereitgelegt.

Hat Ihr Kind Schwierigkeiten mit dem Packen des Ranzens, empfehlen wir einen Stunden-/Ranzenpackplan, der folgendermaßen aussehen kann:

- 8.00 – 8.45 Mathematik
  8.50 – 9.35 Mathematik
  Für Mathematik 3 blaue Teile:
  Hausheft ❐ Schulheft ❐ Mathematikbuch ❐
- 9.50 – 10.35 Deutsch
  Für Deutsch 4 grüne Teile:
  Hausheft ❐ Schulheft ❐ Sprachbuch ❐ Lesebuch ❐

- 10.40- 11.25 Kunst
  Für Kunst:
  Zeichenblock ❐, Wasserfarben ❐ – zusätzliche Materialien ❐

Jeder Gegenstand, der eingepackt ist, wird im Kästchen dahinter angekreuzt. Nachdem der Ranzen gepackt und der Schreibtisch geordnet ist, werden Ranzen und Zeichenutensilien nebeneinander auf den Schreibtisch gestellt. So ist am nächsten Morgen alles griffbereit.

Ordnung im Hausaufgaben-Heft

Was in keinem Ranzen fehlen darf, ist ein Hausaufgaben-Heft. Das korrekte Aufschreiben der Hausaufgaben in der Schule erspart Zeit und Ärger zu Hause.

- Trainieren Sie mit Ihrem Kind, seine Eintragungen in diesem Heft, wie auch in seinen anderen Heften, mit Datum zu versehen.
- Achten Sie darauf, daß Eintragungen Seite für Seite erfolgen. Häufig stehen nämlich die Eintragungen kunterbunt verteilt – mal in der Mitte, mal hinten im Heft.
- Besprechen Sie mit Ihrem Kind, wie viele Leerzeilen zwischen zwei Eintragungen gehören. Es gibt nämlich Kinder, die lassen ganze Seiten dazwischen frei. Kaufen Sie Hefte mit linkem und rechtem Rand. Die Ränder begrenzen das Geschriebene.
- Sollte das korrekte Eintragen schwierig für Ihr Kind sein, zeigen Sie ihm, wie es seine Einträge ordnen kann. Oft entstehen Fehler allein durch „ungeordnetes" Notieren.
- Fordern Sie von Ihrem Kind Ordnung in der Heftführung. Kontrollieren Sie anfangs täglich, und koppeln Sie die Ergebnisse an das Punkte-Plan-Spiel.
- Noch ein Hinweis für das Notieren der Hausaufgaben: Um einen noch besseren Überblick zu bekommen, sind Hausaufgaben im entsprechenden Farbton einzutragen (z.B.: Deutsch mit grüner Schrift) oder hinter einem Kästchen mit der entsprechenden Farbe. Bei Kindern, die häufig ihre (farbigen) Stifte verlieren oder langsam schreiben, hat sich das Eintragen hinter den markierten Kästchen bewährt. Diese Kästchen können jeweils für ein paar Tage zu Hause vorgemalt werden. Dann braucht Ihr Kind keine verschiedenfarbigen Stifte zu suchen, und es vertrödelt keine Zeit.

Das Hausaufgaben-Heft sollte auch als Mitteilungs-Heft zu nutzen sein. Das Notieren der Klassenarbeits-Termine im Hausaufgaben-Heft ist für unorganisierte, vergeßliche Kinder unabdingbar. Legen Sie eine Farbe fest, die Ihr Kind ausschließlich zum Eintragen von Klassenarbeits-Terminen verwendet werden soll (z.B. Rot).

Und achten Sie darauf, daß Ihr Kind nach den Hausaufgaben sofort seinen Ranzen für den nächsten Tag packt und griffbereit auf seinem Schreibtisch bereitstellt.

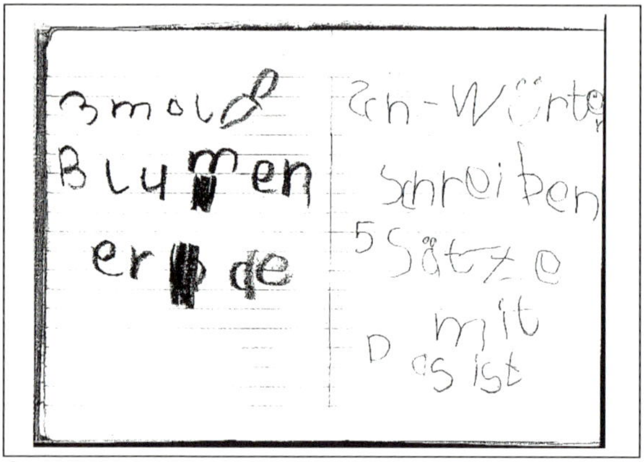

So chaotisch sehen viele Hausaufgaben-Hefte aus.

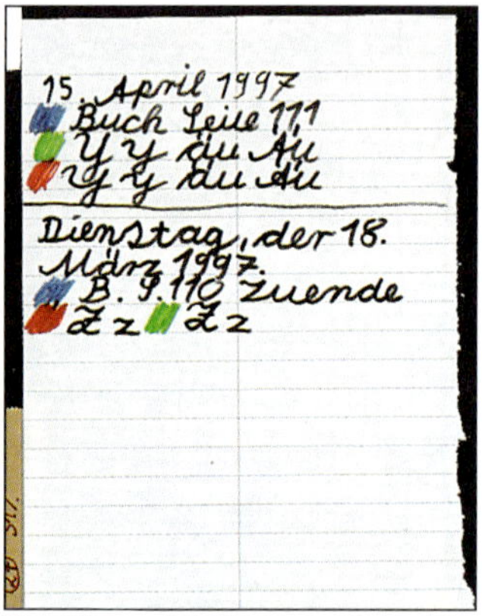

So übersichtlich sollten die Einträge angeordnet sein.

Ablenkungen

Bestimmen Sie eine – möglichst täglich gleiche – Hausaufgaben-Zeit. Ordnen Sie in Ihrem Haus für diese Hausaufgaben-Zeit Ruhe an. Diese Ruhezeit ist notwendig. In Internaten z.B. wird sie mit dem lateinischen Wort „Silentium“ (Stille) bezeichnet. Alle Ihre Kinder haben sich danach zu richten. Auch jüngere Geschwister können lernen, sich an diese Anordnung zu halten. Aber nicht nur Ihre Kinder sollten sich daran halten, auch Sie müssen sicherstellen, daß während der Hausaufgaben-Zeit Ruhe im Haus herrscht.

Schon das Klingeln von Telefon oder Türglocke reißt Kinder beim Lernen aus ihrer Aufmerksamkeit. Häufig ist es für sie schwierig, anschließend die Gedanken wieder auf das Thema der Hausaufgaben zu lenken.

Ein einfacher **Tip**: Stellen Sie Telefon und Türglocke während der Hausaufgaben-Zeit ab. Und achten Sie darauf, daß die Freunde Ihres Kindes niemals vor einer festgesetzten Uhrzeit unter dem Fenster stehen. Informieren Sie deren Mütter über „Ihre Zeiten“.

Zeit-Management

Pünktlicher Anpfiff und kein „Spiel auf Zeit“

Katharina *spielt mit ihrem Puppenhaus. Schon zum fünften Mal ruft die Mutter aus der Küche, ob sie denn endlich mit den Hausaufgaben fertig sei. Sie bekommt keine Antwort. Als die Mutter nach einer halben Stunde ins Zimmer kommt, stellt sie fest, daß Katharina mit den Hausaufgaben überhaupt noch nicht angefangen hat.*

Ständiges Bitten stumpft ab. Aufforderungen müssen gezielt gegeben werden. Dabei können Sie sich auch einen neutralen Dritten zu Hilfe nehmen, der die Aufforderung für Sie ausspricht. In diesem Fall ist der neutrale Dritte – wieder einmal der Wecker.

Vereinbaren Sie mit Ihrem Kind, wie lange die Entspannungsphase vor den Hausaufgaben dauern soll. Dann stellt Ihr Kind den Wecker auf diese Zeit ein. Sie stellen sich Ihren eigenen Wecker auf dieselbe Zeit. Nach Ablauf der Zeit geht Ihr Kind an den Schreibtisch, und Sie schauen nach, ob es die Vereinbarung eingehalten hat.

Thorsten *sitzt an seinem Schreibtisch und hat die Hausaufgaben vor sich liegen. Verträumt schaut er aus dem Fenster. Nach ein paar Minuten steht er auf und holt sich etwas zu trinken. Ganz in Gedanken versunken nippt er an seinem Saft. Die Zeit verrinnt.*

Die Erfahrung zeigt, daß trödelnden Kindern bei der Zeit-Einteilung ihrer Hausaufgaben geholfen werden kann.

Das Hausaufgaben-Zeit-Management

Auch hier braucht Ihr Kind besonders am Anfang Ihre Unterstützung. Sie müssen ihm etwa zwei Wochen lang täglich Hilfestellung geben. Schon bald werden Sie durch selbständiges, zügiges Erledigen der Hausaufgaben belohnt.

So trainieren Sie mit Ihrem Kind ein erfolgreiches Zeit-Management:

1) Schauen Sie im Hausaufgaben-Heft Ihres Kindes nach, welche Hausaufgaben heute anstehen. Vergleichen Sie die aufgeschriebenen Hausaufgaben mit dem Stundenplan. Haken Sie nach, wenn in einem Fach „nichts auf ist“.
2) Schätzen Sie gemeinsam mit Ihrem Kind für jedes Fach einzeln die Zeit ein, die es wahrscheinlich zum Erledigen der Hausaufgaben braucht. Schätzen Sie nicht zu wenig Zeit ein, sonst setzen Sie Ihr Kind unnötig unter Druck. Eine zu hohe Zeitvorgabe hingegen fördert wieder das Trödelverhalten. Sind Sie sich unsicher, fragen Sie den Lehrer, in welcher Zeit Ihr Kind diese Aufgabe schaffen kann.
3) Kontrollieren Sie die Zeit. Stellen Sie den Wecker auf dem Schreibtisch Ihres Kindes auf die geschätzte Zeit ein.
4) Wenn der Wecker dann klingelt, sehen Sie nach, ob die Aufgabe erledigt ist. Und dann überlegen Sie gemeinsam, warum Ihr Kind vielleicht schneller oder langsamer war, als Sie beide vorher geglaubt hatten.

Das Eintragen der Daten in folgende Liste hat sich bewährt:

Name: ______________________________ Datum: _____________

Fach: ______________________________

Aufgabe: ____

- Wie lange werde ich ungefähr brauchen? _____ min.
- Wie lange habe ich tatsächlich gebraucht? _____ min.

- Habe ich mehr oder weniger Zeit gebraucht, als ich dachte?
  ❒ Mehr Zeit ❒ Weniger Zeit
- Weshalb habe ich weniger bzw. mehr Zeit gebraucht?

  ____

Wenn Sie so eine Liste eine Zeitlang führen, bekommen Sie langsam eine Gefühl für die Zeiten, die die verschiedenen Aufgaben erfordern und für die Zeiten, die Ihr Kind dafür braucht. Daraus können Sie dann eine persönliches Zeit-Management für Ihr Kind ableiten. Dieses Zeit-Management hilft Ihrem Kind,

- das Trödeln abzustellen
- ein Gefühl für die Zeit zu entwickeln
- unter Zeitdruck arbeiten zu lernen

Bei Kindern wie Max, die unstrukturiert oder vergeßlich sind, ist es wichtig, Hausaufgaben immer am selben Tag zu erledigen, an dem sie aufgegeben wurden.

Die Regel „Alle Hausaufgaben sind sofort zu erledigen" ist einfach einzuhalten. Denn die Aufgaben können leichter gelöst werden, wenn der Unterricht noch frisch in Erinnerung ist.

Die fertigen Hausaufgaben sollten dann möglichst am Tag vor der Besprechung in der Schule nochmal durchgesehen werden, um sich die Aufgabenstellung wieder ins Gedächtnis zu rufen.

Der Punkte-Plan bei Hausaufgaben

Was ein Punkte-Plan ist, wissen Sie ja bereits. Er leistet uns gute Dienste, wenn es um das Verändern von Verhaltensweisen geht.

Punkte-Pläne können natürlich nicht nur – wie beschrieben – zum guten Start in den Morgen genutzt werden, sondern jederzeit helfen, gewünschte Veränderungen zu erreichen.

Im Fall von Max zum Beispiel gab es auch **nach** der Schule ungünstige Verhaltensweisen. Deshalb wurde auch für die Hausaufgaben ein Punkte-Plan erstellt.

Den Plan für Max „vor der Schule" kennen Sie ja schon. Jetzt möchten wir Ihnen zeigen, wie der Plan für „nach der Schule" entsteht und Ihnen anschließend den kombinierten Plan zeigen.

Bitte gehen Sie bei der Erstellung des Plans für Ihr eigenes Kind, ebenso wie wir, schrittweise vor. Denn Ihr Kind ist überfordert, wenn Sie alles auf einmal von ihm verlangen. Wenn Sie es aber Schritt für Schritt ans Ziel heranführen, kann es Ihnen folgen, verliert unterwegs nicht den Mut und wird sein Ziel erreichen.

Schritt 1:
- Die Hausaufgaben-Situation schriftlich festhalten

Schritt 2:
- Die zu verändernden Situationen (Vorher) unterstreichen.

Schritt 3:
- Den gewünschten Zielzustand (Nachher) formulieren.

Schritt 4:
- Überlegen, welche anderen, zusätzlichen Maßnahmen zum Erreichen des Ziels hilfreich sein könnten.

Schritt 5:
- Die Spielregeln vereinbaren: Punkte-Wertung und Anreize festlegen

Die Erstellung eines solchen Plans ist am Anfang nicht ganz einfach. Deshalb schauen wir uns hier wieder das Beispiel von Max an – und zwar die Schritte 2, 3 und 4:

Schritt 2: Vorher	Schritt 3: Nachher
• Max kommt nach Hause und ißt vor dem Fernseher • Max sitzt zur Entspannung eine Stunde vor dem Fernseher • Nach der „Entspannungsstunde“ muß die Mutter ihn ständig auffordern, mit den Hausaufgaben zu beginnen • Max weiß nicht, was er an Hausaufgaben zu erledigen hat • Unordnung im Schulranzen • Max trödelt bei den Hausaufgaben • Chaos auf dem Schreibtisch nach den Hausaufgaben	• Max ißt zusammen mit seiner Mutter in der Küche • 20 Minuten Entspannungspause im Haus oder im Garten • Max beginnt ohne Aufforderung mit den Hausaufgaben • Max kann im Hausaufgaben-Heft nachsehen, was heute anliegt • Inhalt im Schulranzen ist ordentlich, übersichtlich und leicht zu greifen • Max erledigt die Hausaufgaben zügig • Zu jeder Zeit Ordnung auf dem Schreibtisch

Schritt 4:
Welche anderen, zusätzlichen Maßnahmen können hilfreich sein?

1) Max’ Eltern haben beschlossen, den Fernseher für einen Monat auf den Speicher zu verbannen. Das Essen vor dem Fernseher war nämlich für Max schon derart selbstverständlich geworden, daß es schwer gewesen wäre, dieses „Ritual“ zu durchbrechen und sein Verhalten zu ändern. Wenn Verhaltensweisen sozusagen „wie automatisch“ ablaufen, ist das Verändern äußerer Umstände einfacher als das Verändern von Verhaltensweisen. Hier war es leichter, den Fernseher verschwinden zu lassen, als Max zu bewegen, auf’s Fernsehen zu verzichten. Überprüfen Sie deshalb die zu verändernden Situationen Ihres Kindes auf solche Rituale.
2) Max lernte, mit seiner Mutter gemeinsam am Tisch zu essen.
3) Die anschließende Entspannungsphase vor den Hausaufgaben wurde auf 20 Minuten begrenzt. Max sah schnell ein, daß es

besser ist, mit den Hausaufgaben früher fertig zu sein und anschließend mehr Zeit zum Spielen zu haben. Die Entspannungszeit wurde mit einem Wecker geregelt – als unabhängigem Dritten.

4) Der Beginn der Hausaufgaben wurde ebenso vom Wecker „eingeläutet".
5) Gemeinsam mit seiner Mutter bastelte Max farbige Ablagen, schlug seine Bücher und Hefte in farbiges Papier und beschriftete die Hefthalter.
6) Max' Mutter half ihm am Wochenende, das Hausaufgaben-Heft für die folgende Woche mit den entsprechenden farbigen Kästchen für jedes Fach vorzubereiten.
7) Max und seine Mutter kauften gemeinsam Ordner, in die die gelochten Hefte kamen. Max durfte sich einen Ordner mit seinen Lieblings-Disney-Figuren aussuchen.
8) Das Trödeln bei den Hausaufgaben wurde durch das Zeit-Management abgestellt.
9) Erst nachdem Max seinen Schreibtisch aufgeräumt hatte, durfte er zum Spielen rausgehen.

Der Punkte-Plan für den gesamten Schulbereich

In diesem Plan ist nun alles zusammengefaßt, was Max (und natürlich auch Ihr Kind) braucht, um ohne Streß entspannt und erfolgreich lernen zu können. Damit Ihr Kind aber auch wirklich gern mitmacht, braucht es Anreize und persönliche Ziele, die es mit Hilfe des Punkte-Plans aus eigener Kraft erreichen kann.

Die Anreize, die Max motivieren, kennen Sie bereits (länger aufbleiben, bei den Großeltern übernachten). Vielleicht springt Ihr Kind auf ganz andere Dinge an. Aber das wissen Sie selbst am besten.

Situation	bis	Punkte	Mo.	Di.	Mi.	Do.	Fr.
Vor der Schule							
• Erscheinen im Bad		3	___	___	___	___	___
Mo-Do	7.00 h						
Fr	8.00 h						
• Zähneputzen, Waschen, Eincremen, Kämmen	sofort	3	___	___	___	___	___
• Korrekt anziehen, Sachen zur Tür		2	___	___	___	___	___
Mo-Do	7.20 h						
Fr	8.20 h						
• In die Küche	sofort	1	___	___	___	___	___
• Kein Streit	sofort	3	___	___	___	___	___
Nach der Schule							
• Nach Entspannungsphase an den Schreibtisch	sofort (Piepton)	3	___	___	___	___	___
• Ordentliches Hausaufgaben-Heft	immer	2	___	___	___	___	___
• Einschätzen der Hausaufgaben-Zeit	vorher	1	___	___	___	___	___
• Hausaufgaben im Rahmen der geschätzten Zeit	sofort	3	___	___	___	___	___
• Schreibtisch ordnen	sofort	3	___	___	___	___	___
• Schultasche packen	sofort	2	___	___	___	___	___
Erreichte Punktzahl pro Tag (max. 26)			___	___	___	___	___
Erreichte Punktzahl Mo-Fr (max. 130)							___

Das Punkte-Plan-Spiel läuft jedenfalls immer nach denselben Spielregeln:

- Mindestpunktzahl übertroffen: Gewonnen
- Mindestpunktzahl erreicht: Unentschieden
- Mindestpunktzahl nicht erreicht: Verloren

Welche Mindestpunktzahlen pro Tag und pro Woche erreicht werden solen, legen Sie gemeinsam mit Ihrem Kind fest. Und was es jeweils für Sieg, Unentschieden oder Niederlage gibt – das besprechen und vereinbaren Sie ebenfalls gemeinsam mit Ihrem Kind.

Das Vorschuß-Belohnungssystem

Julius, *7 Jahre alt, mit einer großen Vorliebe für Gummibärchen, bereitet seiner Mutter ebenfalls Schwierigkeiten beim Erledigen der Hausaufgaben. Er möchte lieber spielen – und es dauert lange, bis er endlich bereit ist, mit den Hausaufgaben zu beginnen. Und wenn er dann endlich angefangen hat, trödelt er herum.*

Wir rieten zu einem Vorschuß-Belohnungssystem, beginnend mit 30 Gummibärchen:

Nach dem Mittagessen geht seine Mutter mit den Gummibärchen an seinen Schreibtisch und legt oben rechts in die Ecke 30 Gummibärchen. In der Regel läuft er mit ihr zum Schreibtisch. Kommt er nicht mit oder läßt sie warten, wird für jede Warteminute ein Gummibärchen entfernt.

Macht er seine Hausaufgaben zügig, bleibt sein Gummibärchen-Konto erhalten. Bei Trödelei zählt die Mutter: „Die erste Zahl ist eins, die zweite Zahl ist zwei, und bei der Zahl drei wird ein Gummibärchen für mich frei." Die Mutter genehmigt sich ein Gummibärchen.

Julius ist sehr bemüht, kein Gummibärchen zu verlieren, und die Hausaufgaben werden zügig erledigt.

Das „Ich-möchte-gern"-Prinzip

Das „Ich-möchte-gern"-Prinzip besagt, daß von zwei Aktivitäten mit unterschiedlicher Attraktivität die attraktivere als Belohnung für die weniger attraktive eingesetzt werden kann.

Das ist ein Prinzip, das viele von Ihnen regelmäßig nutzen.

> ***Ralph*** *ist vernarrt in seinen Computer. Am liebsten würde er sich sofort nach der Schule davor setzen und spielen. Doch er weiß: das Computerzimmer ist verschlossen. Erst wenn er seine Hausaufgaben ordentlich erledigt hat, öffnen sich die Türen.*

Die Eltern von Ralph nutzen das „Ich-möchte-gern"-Prinzip. Wenn Ralph nach der Schule zwischen Computerspiel und Hausaufgaben wählen dürfte, würde er sich mit Sicherheit für das Computerspiel entscheiden. Also wird die für Ralph attraktivere Sache (Computer) als Belohnung für das Erledigen der weniger attraktiven (Hausaufgaben) angeboten.

> ***Carmen*** *liebt es, stundenlang mit ihren Puppen zu spielen. Hat sie erst einmal begonnen, ist sie in ihre eigene Welt versunken. Sie genießt ihr Spiel. Direkt nach dem Mittagessen stürzt sie in ihr Zimmer und beginnt zu spielen. Unzählige Aufforderungen ihrer Mutter, endlich mit den Hausaufgaben zu beginnen, bleiben erfolglos.*

Am Beispiel von Carmen sehen wir, daß das Prinzip nicht funktioniert, wenn es umgekehrt wird. Hausaufgaben sind eben keine Belohnung für ein vorher erledigtes Puppenspiel.

Wenn Ralph nach den Hausaufgaben an den Computer darf, wirkt das als Belohnung. Wenn Carmen ihr Puppenspiel beenden muß, um Hausaufgaben zu machen, bedeutet das Verzicht und wirkt wie eine Strafe.

Carmen würde ihre Hausaufgaben sicher lieber und schneller erledigen, wenn ihr die Belohnung „Puppenspiel" winken würde.

Wir alle erinnern uns an Sprüche wie „Erst die Arbeit, dann das Vergnügen". Dahinter steckt das „Ich-möchte-gern"-Prinzip.

Wichtig für den Erfolg dieses Prinzips ist allerdings, daß die (ungeliebten) Hausaufgaben nicht flüchtig und oberflächlich „husch-husch" gemacht werden – nur, um möglichst schnell an die Belohnung zu kommen. Die Belohnung (Computer- oder Puppen-Spiel) gibt es erst dann, wenn die Hausaufgaben vollständig und richtig erledigt sind. Hier sind Sie als Eltern wieder in Ihrer Funktion als „Trainer" gefragt.

Am besten ist natürlich, wenn die Hausaufgaben bei Ihrem Kind gar nicht so unbeliebt sind. Je mehr Erfolgs-Erlebnisse Ihr Kind bei den Hausaufgaben hat, umso lieber wird es Hausaufgaben machen. Und wie viele Erfolgs-Erlebnisse Ihr Kind hat, das hängt nicht nur davon ab, wieviel es richtig macht – sondern vor allem davon, wieviel Lob Ihr Kind von Ihnen dafür bekommt. Sparen Sie nie mit Lob. Ihr Lob macht Ihr Kind stark. Und jeder Mensch – auch Ihr Kind – kann viel mehr Lob vertragen, als Sie sich im Moment vielleicht vorstellen können.

Fördern statt Fordern – so unterstütze ich mein Kind beim Lernen

Kinder mit Schwierigkeiten beim Lernen oder bei den Hausaufgaben sind auf unsere Unterstützung angewiesen. Sie brauchen Hilfe. Sie sitzen nicht stundenlang vor den Aufgaben, um uns zu ärgern. Sie haben eine Schwäche, die sie beeinträchtigt. Nur allzu gern würden sie ebenso gut und schnell „funktionieren" wie ihre Mitschüler.

Einige der Hilfsmöglichkeiten wie Punkte-Plan, Zeit-Management, Ranzen-Packplan etc. haben Sie schon kennengelernt. Aber wir sind noch nicht auf den wichtigsten Faktor zu sprechen gekommen – und das sind **Sie selbst**.

Der **Umgang** mit Ihrem Kind beim Lernen oder den Hausaufgaben ist ausschlaggebend. Bewährt hat sich „liebevolle Konsequenz": **Seien Sie liebevoll, aber konsequent**. Diese beiden Eigenschaften werden in der

Geschäftswelt zu den Voraussetzungen für gute Führungs-Qualitäten gezählt. Werden Sie zum „Manager“ im Umgang mit Ihrem Kind.

Seien Sie gerecht, und bleiben Sie unter allen Umständen ruhig. Zeigen Sie aber auch, daß **Sie** die Situation beherrschen – und nicht das Kind. **Aber verwechseln Sie Konsequenz nicht mit Härte.**

Anhand von Beispielen möchten wir den Unterschied zwischen negativen und positiven Reaktionen auf kindliches Verhalten deutlich machen.

Victor *sitzt motzend vor seinem Schreibtisch und schimpft vor sich hin: „Diese blöde Kuh – so viele Hausaufgaben aufzugeben. Das schaff' ich nie. Da mach' ich gar nichts. Das geschieht der ganz recht.“*

Negative Eltern-Reaktion	**Positive Eltern-Reaktion**
„Stell' Dich nicht so an. So viel ist es doch gar nicht. Du hast wohl immer noch nicht kapiert, daß Du für Dich lernst und nicht für Deine Lehrerin. Du strafst Dich selbst und nicht die Lehrerin, wenn Du nicht übst.“	So tun, als hätte man es gar nicht gehört. Erst einmal geduldig abwarten, ob er nicht doch noch von selbst beginnt. Ein ehrliches Mitbrummeln wie: „Du hast ja recht, wirklich viel“, um das Kind zum Arbeiten zu bewegen (vermeiden Sie jegliche Ironie, Ihr Kind muß sich ernstgenommen fühlen). Und dann einen Anreiz fürs Hausaufgaben-Machen geben, z.B.: „Vielleicht kommen ja gerade diese Aufgaben in der nächsten Klassenarbeit dran – dann bist du froh, wenn du sie schon kannst.“

Hinter der positiven Eltern-Reaktion steckt das Prinzip:
„Aufgreifen statt Angreifen“.

Immer positiv zu reagieren, ist nicht einfach. Schließlich sind Sie ja selbst genervt und im Streß. Und da rutscht einem schnell mal ein Vorwurf raus, den man vielleicht gar nicht machen wollte. Aber Sie wollen ja etwas erreichen – nämlich, daß Ihr Kind nicht meckert, sondern seine Hausaufgaben macht. Und das erreichen Sie nur, wenn Sie ihm Verständnis entgegenbringen, wenn Sie es unterstützen und aufbauen. Deshalb merken Sie sich eins: Mit positiven Reaktionen erreichen Sie auf jeden Fall mehr als mit negativen Reaktionen.

***Knut** hat fast alles schön abgeschrieben. Aber die letzten Zeilen sind einfach so „hingeschmiert".*

Negative Eltern-Reaktion	**Positive Eltern-Reaktion**
„Der obere Teil ist soweit in Ordnung, aber der Rest... – Eigentlich solltest Du alles nochmal sauber abschreiben. Das kannst Du unmöglich so lassen!"	„Du, das sieht ja schon ganz toll aus. Du machst richtig Fortschritte. Ich bin wirklich stolz auf dich. Beim nächsten Mal schaffst du es bestimmt, auch die letzten paar Zeilen genauso schön zu schreiben wie alles andere. Und dann gibt es eine Belohnung."

Wichtig: Vergessen Sie nicht, was Sie Ihrem Kind versprochen haben. Es ist enttäuscht, wenn Sie beim nächsten Mal nicht mehr daran denken. Ihr Kind erinnert sich gewiß.

Verstärken Sie das Positive. Kritisieren Sie nicht an Kleinigkeiten herum: Das erzeugt nur Frust und schafft keine Motivation für das Lernen.

***Kerstin** hat tagelang fleißig mit ihrer Mutter für die Mathe-Arbeit geübt. Zu Hause hat sie den Lernstoff vollkommen beherrscht, doch in der Klassenarbeit wieder eine „5" geschrieben.*

Negative Eltern-Reaktion	Positive Eltern-Aktion
„Weshalb übe ich mit Dir eigentlich noch? Wieder einmal habe ich meine kostbare Zeit mit dir verplempert. Ich kann es nicht fassen. Ich bin total enttäuscht von dir.“	Am Abend vor der Klassenarbeit dem Kind ein kleines Belohnungsgeschenk für das fleißige Üben geben und sagen: „Ich bin stolz auf dich, daß du so fleißig geübt hast.“ Das Kind trösten, wenn es nach Hause kommt. Auch Kinder, die Kummer nicht zeigen können, sind bitterlich enttäuscht. Das Kind hat soviel gelernt und wurde dafür nicht belohnt.

Belohnen Sie die Anstrengungs-Bereitschaft Ihres Kindes – nicht die Note unter der Arbeit. Das schafft Vertrauen und gibt Ihrem Kind das Gefühl, daß noch nicht alles verloren ist. Erst, wenn Sie Ihrem Kind diese Sicherheit gegeben haben, können Sie behutsam beginnen, nach den Ursachen für die schlechte Note zu forschen. Vielleicht hilft Ihnen dabei auch ein Gespräch mit dem Lehrer.

Max *sitzt an den Hausaufgaben. Das Telefon klingelt. Wie der Blitz springt er auf und rennt zum Telefon.*

Negative Eltern-Reaktion	Positive Eltern-Aktion
„Ich habe Dir schon hundertmal gesagt: Du sollst während der Hausaufgaben nicht ans Telefon rennen. Kapierst Du denn gar nichts? Wenn Du nicht sofort herkommst, passiert ein Donnerwetter.“	Das Telefon während der Hausaufgabenzeit ausstöpseln, oder das Klingeln auf ganz leise stellen, oder den Anrufbeantworter so einstellen, daß er sich ohne Klingeln anschaltet.

Seien Sie vorausschauend: Verhindern Sie negatives Verhalten schon im Vorfeld durch vorbeugende Maßnahmen.

***Carina** sitzt traurig über den Rechenhausaufgaben und kann sie nicht lösen. Sie versteht nicht, was „Teilen" eigentlich bedeutet.*

Negative Eltern-Reaktion	Positive Eltern-Reaktion
„Das ist doch ganz einfach. Das Einmaleins kannst Du doch schon ganz gut aufsagen. Da darf Dir das Teilen doch gar nicht schwerfallen. Es ist sozusagen nur die umgekehrte Form von Malnehmen. Wenn Du die 12 durch 3 teilst ..."	Holen Sie zum Beispiel Salzstangen oder Gummibärchen. Dann legen Sie 6 Stück vor das Kind und bitten es: Teile sie zwischen uns beiden gerecht auf.

Wählen Sie eine direkte, kurze Ansprache. Benutzen Sie einfache Wörter. Achten Sie darauf, daß Ihr Kind nicht auf Durchzug geschaltet hat.

Demonstrieren Sie (z.B. mit Salzstangen oder Gummibärchen). Sie können gar nicht konkret genug sein. Denn Ihr Kind braucht keine abstrakten Theorien, sondern anschauliche Beispiele, die es nachvollziehen und selbst umsetzen kann.

***Carsten** hat bei den Hausaufgaben schon wieder einmal statt mit „-" einfach weiter mit „+" gerechnet. Und damit sind alle restlichen Aufgaben falsch.*

Negative Eltern-Reaktion	Positive Eltern-Aktion
„Das darf doch nicht wahr sein. Hast Du denn keine Augen im Kopf? Da stehen doch in jedem Rechenpäckchen jeweils zuerst drei Aufgaben mit plus und dann drei mit minus. Ich kann es nicht fassen."	Lassen Sie Ihr Kind vor den Hausaufgaben die Pluszeichen mit gelbem Buntstift, die Minuszeichen mit einem roten Stift markieren. Klären Sie mit Ihrem Kind, was es bei dieser Hausaufgabe überhaupt zu tun hat. Ihr Kind ermuntern, sich nicht von Plus und Minus austricksen zu lassen.

Ihr Kind sollte sich, **bevor** es mit der Aufgabe beginnt, Klarheit darüber verschaffen:

- Was ist meine Aufgabe, was soll ich tun?
- Wie mache ich es am besten?

Beim Arbeiten muß es beachten:

- Genau hinschauen – nicht nachlässig werden.

Solche Spielregeln sollten sie Ihrem Kind nicht nur sagen, sondern geben Sie ihm einen „**Regelzettel**" mit den entsprechenden Aufforderungen:

- Was ist gefragt? – Schau genau hin!
- Löse die Aufgabe
- Kontrolliere die Lösung
- Korrigiere, wenn nötig

__Regina__ hat als Hausaufgabe eine Nacherzählung über ihr schönstes Erlebnis in den Ferien zu schreiben. Sie beginnt, mit ihrer Mutter über den Urlaub zu plaudern.

Negative Eltern-Reaktion	**Positive Eltern-Reaktion**
Sich auf das Ablenkungsmanöver einlassen und in Erinnerungen schwelgen.	„Erst die Hausaufgaben. Wenn Du möchtest, können wir uns danach gemütlich über den Urlaub unterhalten."

Arbeit ist Arbeit – Freizeit ist Freizeit.

Lassen Sie sich während der Arbeitsphase nicht auf andere Gespräche oder Diskussionen ein. Aber stellen Sie Ihrem Kind in Aussicht, daß Sie nach den Hausaufgaben Zeit haben, über andere Dinge mit ihm zu sprechen.

Endlich einmal hat __Sebastian__ seine Hausaufgaben zügig und ohne Meckern erledigt.

Negative Eltern-Reaktion	Positive Eltern-Reaktion
„Siehst Du, es geht auch ohne Meckern. Ich hoffe doch, daß das in Zukunft immer so abläuft wie heute. Dein Trödeln und Meckern hätte ich gewiß keinen Tag länger ertragen können."	„Ich freue mich. Hast Du gut gemacht." Ein freundliches Zuzwinkern, ein zärtliches Schulterklopfen oder in den Arm nehmen.

Lob ermuntert und motiviert. Ein Lob braucht nicht immer mit Worten ausgesprochen zu werden. Eine liebevolle Geste kann ausdrucksvoller sein als Reden. Machen Sie sich zum Grundsatz: Weniger reden – mehr handeln.

Dominik *hat beim Abschreiben wieder einmal viele Fehler gemacht.*

Negative Eltern-Reaktion	Positive Eltern-Reaktion
„Nicht schon wieder. So blöd wie Du kann ein Mensch allein gar nicht sein. Du schreibst das alles noch einmal sauber ab."	„Hier sind 12 Fehlerteufel versteckt. Sei ein guter Detektiv. Für jeden Fehler, den Du allein findest, gibt es 1 Gummibärchen." Überlegen Sie: „Irgend etwas kann da nicht stimmen. Er ist doch sonst ein cleveres Kerlchen. Ich werde mir einen Termin beim Deutschlehrer geben lassen und das mit ihm besprechen."

Aus einem Ausspruch wie „Du bist doch blöd!" kann Ihr Kind nichts lernen. Solche Beleidigungen greifen die Persönlichkeit an und schwächen sein Selbstwertgefühl. **Bitte beleidigen Sie Ihr Kind niemals persönlich.** Ihre Aufgabe ist es, Ihrem Kind Sicherheit und Selbstvertrauen zu geben. Nur dann fühlt es sich stark und hat den Kopf frei zum Lernen.

Seien Sie stolz auf alles, was Ihr Kind kann

Sollten Schule und Lernen auch immer wieder Frustrations-Erlebnisse produzieren – verzweifeln Sie nicht!

Schule ist nicht alles.

Suchen Sie das in Ihrem Kind, was auch als „Insel der Kompetenz" bezeichnet wird. Bestimmt gibt es irgendetwas, das Ihr Kind besonders gut kann. Vielleicht kann es gut rennen. Vielleicht gut schwimmen. Vielleicht gut singen, gut basteln, oder gut malen. Vielleicht gut kochen. Oder vielleicht gut mit kleinen Kindern umgehen. Vielleicht kann es auch gut lesen, wenn die Zeitung verkehrt herum liegt.

Eigentlich ist es ganz gleich, was es ist. Wichtig ist nur, daß Sie diese „Insel der Kompetenz" finden. Ihr Kind muß wissen, daß Fähigkeiten in ihm stecken. Lassen Sie Ihr Kind spüren, daß Sie stolz auf es sind. Zeigen Sie ihm, daß Sie Achtung vor ihm haben. Stehen Sie ihm zur Seite.

Viele berühmte Leute hatten Probleme in der Schule. Thomas A. Edison zum Beispiel wurde schon nach ein paar Wochen aus der Schule geworfen. Albert Einstein ist sitzengeblieben – und auch John F. Kennedy, Nelson Rockefeller, Winston Churchill, Charles Darwin, Leonardo da Vinci, Walt Disney und viele mehr hatten Schulschwierigkeiten.

Geben Sie nicht auf.

Um im späteren Leben zu bestehen, braucht Ihr Kind vor allem eins: Den **Glauben an sich selbst**. Und den **können Sie ihm vermitteln**, indem Sie Ihrem Kind immer wieder zeigen, daß Sie fest zu ihm stehen.

Fragen und Antworten zum Thema Hausaufgaben

Auf einige Punkte ist bisher nicht eingegangen worden. Vielleicht haben auch Sie noch unbeantwortete Fragen. Hier einige Antworten zu Themen, die immer wieder in unseren Praxen zur Sprache kommen:

Frage: Sollte der Beginn der Hausaufgaben immer zum gleichen Zeitpunkt stattfinden?

Antwort: Nein, aber immer an der gleichen Stelle im Tagesablauf. Dadurch wird eine Automatisierung der Lernbereitschaft erreicht. Bei Max z.B. gibt es Mittagessen direkt nach der Schule. Es steht auf dem Tisch, wenn er nach Hause kommt. 20 Minuten nach dem Essen beginnt er mit den Hausaufgaben.

Frage: Ist es notwendig, daß Kinder nach der Schule eine Pause vor dem Lernen haben, und wie lang sollte sie sein?

Antwort: Kinder sind individuell verschieden. Einige Kinder beginnen direkt nach der Schule mit den Hausaufgaben und sind nicht zu bremsen. Sie wollen es lieber schnell aus dem Kopf haben. Andere brauchen eine Ruhepause. Während der Grundschulzeit sollte die Pause nach dem Mittagessen ca. 20 Minuten betragen, dann bleibt anschließend nach den Hausaufgaben noch genügend Zeit, sich mit Freunden zu treffen. Es gibt aber auch Kinder, die nach der Schule völlig erschöpft sind und erstmal einen Mittagsschlaf brauchen. Einige Kinder arbeiten sogar am besten abends. Beobachten Sie Ihr Kind, stellen Sie seine besten Lernzeiten fest. Aber berücksichtigen Sie auch Ihren eigenen Zeitplan. Sie sollten für Fragen in der Nähe sein, wenn Ihr Kind Probleme mit dem Lernen hat. In der Regel hat es sich jedoch bewährt, erst die Hausaufgaben zu erledigen, um dann ohne Druck den Rest des Tages zur freien Verfügung zu haben.

Frage: Was braucht mein Kind, um an seinem Schreibtisch gut arbeiten zu können?

Antwort: Ein Kind, das unordentlich und vergeßlich ist, braucht vor allen Dingen Struktur. Dinge, die zum Erledigen der Hausaufgaben nicht notwendig sind, haben in Reichweite Ihres Kindes (von seinem Schreibtischstuhl aus) nichts zu suchen. Die Dinge, die Ihr Kind zum Arbeiten braucht, sollen übersichtlich angeordnet und griffbereit liegen, dürfen aber nicht den Arbeitsraum einschränken. Arbeiten Sie mit Farben. Sie erhalten dadurch einen sofortigen Überblick, und Farbe bringt Stimmung in triste Hefte oder Schulbücher.

Lassen Sie sich in puncto Stuhl, Schreibtisch, Helligkeit in einem Fachgeschäft beraten, oder lesen Sie dazu Testhefte.

Frage: Mein Kind hat keinen eigenen Schreibtisch. Wo können dann die Hausaufgaben am besten erledigt werden?

Antwort: Meist wird dann der Küchentisch gewählt. Der sollte jedoch vor dem Benutzen völlig abgeräumt werden. Machen Sie einen Karton hübsch zurecht, in den Sie alles, was Ihr Kind zum Arbeiten braucht, übersichtlich hineinstellen. Stellen Sie diesen Karton auf einen Stuhl rechts neben Ihr Kind (bei Linkshändern links neben das Kind). Sollte der Tisch groß genug sein, stellen Sie den Karton auf den Tisch.

Vermeiden Sie Ablenkung durch Lärmbelästigung. Ihre Küchenarbeit kann nach den Hausaufgaben immer noch erledigt werden.

Frage: Unser Kind behauptet, mit Musik besser Hausaufgaben machen zu können – kann das sein?

Antwort: Ja, es kann sein. Es gibt Kinder, die bei leisen Hintergrundgeräuschen besser aufpassen können. Das fördert bei eintönigen Aufgaben ihre Aufmerksamkeits-Bereitschaft.

Fernsehen und laute Musik aber stören beim Lernen. Das lenkt zu sehr ab.

Frage: Sollte es immer die Mutter oder der Vater sein, die dem Kind beim Lernen zur Verfügung stehen?

Antwort: Im Idealfall steht Ihrem Kind eine dritte Person zur Verfügung, auf die Sie sich verlassen können. Das Eltern-Kind-Verhältnis wird so nicht durch Schulstress überlagert.

Meist bleibt die Betreuung der Hausaufgaben jedoch bei der Mutter.

Klassenarbeiten erfolgreich bewältigen

Der Plan für die Klassenarbeit

Ein Quiz-Kandidat, der die Fragen vorher kennt, hat es leicht, das Quiz zu gewinnen. Und wer vorher den Stoff kennt und lernt, der in einer Klassenarbeit verlangt wird, der hat es leicht, eine gute Note zu schreiben. So einfach ist das im Grunde. Die Frage ist nur: Wie eigne ich mir das nötige Wissen für die Klassenarbeit am besten an? In diesem Punkt sind Kinder total verschieden:

Olivers *Opa ist Förster. Oliver liebt es, stundenlang mit ihm durch den Wald zu streifen und seinen Erklärungen über die verschiedenen Bäume zu lauschen. Als das Thema „Unser Wald“ im Unterricht behandelt wird, bereichert er den Unterricht nicht nur durch sein Wissen, sondern bringt Blätter, Rinde und selbstgemachte Fotos als Anschauungs-Material mit. Oliver besitzt bereits das Wissen über den Stoff, der in der Klassenarbeit abgefragt wird. Er hat sich diesen Stoff mit allen seinen Sinnessystemen angeeignet. Oliver „lernt“ für diese Klassenarbeit nichts. Er erhält dennoch für seine Arbeit die Note „Sehr gut“.*

Auch ***Andrea*** *bekommt für ihre Klassenarbeit die Note „Sehr gut“. Sie ist ein wißbegieriges, fleißiges Mädchen. Im Unterricht arbeitet sie aufmerksam mit, keine Äußerung der Lehrerin entgeht ihr. Bei Verständnis-Schwierigkeiten fragt sie sofort nach. Zu Hause erledigt sie ihre Hausaufgaben immer sorgfältig. Wenn sie noch mehr wissen möchte als im Unterricht besprochen, sucht sie im Lexikon weitere Informationen,. Andrea „lernt“ für diese Klassenarbeit nichts.*

*Auch **Sabine** hat die Note „Sehr gut" unter ihrer Klassenarbeit stehen, obwohl sie im Unterricht weniger gut aufpaßt als Andrea. Sie schwätzt zu gern mit ihrer Nachbarin und ist leicht ablenkbar. Ihre Hausaufgaben erledigt sie jedoch immer – wenn auch nur mit starker Unterstützung ihrer Mutter – zur vollsten Zufriedenheit der Lehrerin. Um den Stoff für die Klassenarbeit im Kopf zu haben, hat Sabine im Gegensatz zu den anderen beiden richtig „lernen" müssen. Dinge, die drei Wochen zurücklagen, hatte sie nämlich schon wieder vergessen. Gemeinsam mit ihrer Mutter erarbeitete sie sich nochmal den gesamten Stoff.*

Die Art der Wissensaufnahme, wie sie bei Oliver und Andrea funktioniert, ist ideal. Leider ist sie eher selten zu finden. Meist geht ohne Üben nichts. Häufig klappt es nur mit fremder Hilfe. Was aber sind die Grundvoraussetzungen, um effektiv üben zu können?

***Eva** kommt enttäuscht, traurig und schuldbewußt von der Schule nach Hause. Heute hat sie eine Mathematik-Arbeit geschrieben. Geübt dafür hat sie aber nicht. Sie hatte nämlich völlig vergessen, daß eine Klassenarbeit geschrieben werden sollte.*

***Rolf** ärgert sich fürchterlich, daß er bei der Sachkunde-Arbeit nicht so viel gewußt hat. Dabei hatte er doch wirklich geübt, aber irgendwie wohl das Falsche. Der Lehrer wollte genau die Fragen beantwortet haben, von denen Rolf absolut sicher war, daß diese uninteressanten Kleinigkeiten niemals abgefragt werden würden.*

***Christopher** hat in der Mathematik-Arbeit die Hälfte der Aufgaben richtig beantwortet. Er konnte tatsächlich all die Aufgaben rechnen, die er gestern nachmittag fleißig geübt hatte. Vielleicht hätte er lieber doch schon vorgestern mit dem Üben beginnen sollen. Dann* *hätte er nämlich alle Aufgaben geübt gehabt und sicherlich mindestens eine 2 geschrieben.*

Alle drei Kinder wären bestimmt erfolgreicher und zufriedener mit sich gewesen, wenn sie einen Klassenarbeits-Planer eingesetzt hätten:

Dieser **Klassenarbeits-Planer** wird an dem Tag ausgefüllt, an dem der Lehrer den Klassenarbeits-Termin mitteilt, und er sieht folgendermaßen aus:

1) **Art der Klassenarbeit**: Mathematikarbeit
2) **Datum der Klassenarbeit**: Dienstag, 23. Februar
3) **Anzahl der Tage, die ich zum Lernen brauchen werde**: 6 Tage
4) **Was muß ich für diese Klassenarbeit wissen**?
   Das kleine Einmaleins. Multiplizieren und Dividieren.
   Textaufgaben wie im Mathematik-Buch auf Seite 73.
5) **Wie bzw. mit wem werde ich für diese Klassenarbeit lernen**?
   Ich werde das Einmaleins über den Computer mit Mathematik-Programm lernen. Mutter schreibt „Mal-" und „Geteilt-Aufgaben" raus, die ich beantworten muß. Vater übt mit mir Textaufgaben.
6) **Wann lerne ich was**?

Tag	**Was lerne ich?**	**Uhrzeit**
Mittwoch 17.2.	Malnehmen üben 1- 6er Reihe	15.30 - 16.00
Donnerstag 18.2.	Malnehmen üben 7 - 10er Reihe	15.00 - 15.30
Freitag 19.2.	Malnehmen üben 1 - 10er Reihe	14.00 - 14.30
Samstag 20.2.	Dividieren üben 1- 10er Reihe	10.00 - 10.45
Sonntag 21.2.	Textaufgaben üben	10.00 - 10.45
(nur bei Bedarf)	Textaufgaben üben	15.00 - 15.30
Montag 22.2.	Gemischte Aufgaben und Beispielaufgaben als Abschluß durchsehen	15.00 - 16.00

Üben Sie mit Ihrem Kind möglichst nicht den gesamten Stoff auf einmal. Gehen Sie, wie in diesem Beispiel gezeigt, schrittweise vor , d.h. zuerst nur Multiplizieren, dann Dividieren, dann Textaufgaben und danach Mischaufgaben.

Erst wenn Ihr Kind eine „Lernportion“ beherrscht, hat es den Kopf wieder frei für die nächste „Lernportion“ und kann sich voll darauf konzentrieren. Gehen Sie deshalb nie zur nächsten Aufgaben-Art über, bevor Sie nicht sicher sind, daß die vorangegangene verstanden ist und „sitzt“.

Es hat sich bewährt, für jeden Aufgabenbereich eine Beispiel-Aufgabe zu notieren. Diese Aufgaben werden am Tag vor der Klassenarbeit nochmal in Ruhe durchgesprochen, damit Ihr Kind sicher ist, daß es alles verstanden hat und beherscht.

Bitte helfen Sie Ihrem Kind anfangs, seinen Klassenarbeits-Planer auszufüllen. Gehen Sie für jede Klassenarbeit nach dem gleichen Schema vor.

Es gibt Kinder, die sich mit der Zeiteinteilung, dem Einschätzen dessen, was abgefragt wird, und der Einteilung des zu bearbeitenden Stoffes sehr schwer tun. Gerade für diese Kinder ist der Planer äußerst wichtig. Alle Kinder können das Ausfüllen des Planers lernen. Manche brauchen nur mehr Zeit dafür als andere. Haben Sie Geduld. Denn die Voraussetzung für selbständiges Lernen und Arbeiten beruht auf der Fähigkeit, sich und seine Arbeit selbst strukturieren zu können.

Wenn wir mit den Eltern den Klassenarbeits-Planer besprechen, gibt es meist nur einen Einwand: „Was hilft mir der ganze Plan, wenn ich den Termin für die Klassenarbeit erst gar nicht erfahre?“

Bei Kindern, die beim Aufschreiben von Klassenarbeits-Terminen ins Hausaufgaben-Heft nicht gerade zuverlässig sind, hat sich bewährt:

- Den Klassenlehrer bitten zu kontrollieren, ob Ihr Kind Fach und Datum mit roter Schrift in seinem Hausaufgaben-Heft notiert hat.
- Die Mutter eines „zuverlässigen“ Kindes anrufen, wenn der Termin für die nächste Klassenarbeit anzustehen scheint.
- Das Notieren von Klassenarbeits-Terminen ins Hausaufgaben-Heft belohnen.

- Im Punkte-Plan einen Bereich für Sonderpunkte und Sonderbelohnungen einrichten. Das Aufschreiben des Klassenarbeits-Termins mit hoher Sonderpunktzahl bewerten.

Das klingt alles sehr aufwendig. Aber wenn Sie sich am Anfang die Mühe machen, mit Ihrem Kind systematisch und konsequent das Planen zu trainieren, dann werden Sie schon bald weniger Arbeit haben und außerdem reichlich belohnt werden – durch ein Kind, das leichter lernt, bessere Noten schreibt und entsprechend ausgeglichen und fröhlich ist.

Die Checkliste nach der Klassenarbeit

Schlechte Noten in Klassenarbeiten sind ein häufiger Grund dafür, daß der Haussegen schief hängt.

> ***Martina*** *hat unter dem Deutsch-Diktat „Mangelhaft" stehen. Als sie ihrem Vater nach dem Abendessen die Note beichtet, schimpft er zuerst ungeheuerlich. Dann muß sie sofort in ihr Zimmer. Während sie verschwindet, hört sie noch, wie ihr Vater ihre Mutter anbrüllt: „Und du, du hast dazu wohl gar nichts zu sagen. Warst ja in der Schule auch keine Leuchte. Da weiß man ja, von wem sie das hat. Ich gehe!". Mit lautem Türenknallen verläßt er die Wohnung.*

Bevor wir als Eltern eine „Gardinenpredigt" loslassen, sollten wir nach den Gründen für das Versagen fragen. Geben Sie Ihrem Kind die Chance, die folgende Liste auszufüllen, und besprechen Sie sie anschließend gemeinsam.

Wie war ich in dieser Klassenarbeit im Vergleich zu meinen Mitschülern?

❐ Besser
❐ Nicht besser und nicht schlechter
❐ Hätte besser sein können

Welche Fehler habe ich gemacht?

- ❒ Habe nicht intensiv genug gelernt
- ❒ Habe viele „Schusselfehler“ gemacht
- ❒ Hatte nicht genügend Zeit (restliche Aufgaben fehlen)

Andere Gründe:

Was kann ich in der nächsten Klassenarbeit besser machen?

Bleiben Sie bei der anschließenden Besprechung mit Ihrem Kind möglichst gelassen. Denn an der schlechten Note können Sie ohnehin nichts mehr ändern. Versuchen Sie in Ruhe, gemeinsam die Ursachen für die schlechte Note herauszufinden. Damit das klappt, muß Ihr Kind bereit sein mitzuarbeiten. Es wird aber nur dann konstruktiv mitarbeiten, wenn es nicht das Gefühl hat, sich ständig gegen Ihre Vorwürfe verteidigen zu müssen. Machen Sie Ihrem Kind von Anfang an klar, daß diese Suche nach den Ursachen keine Suche nach dem Schuldigen ist, sondern daß Sie die Ursachen kennen müssen, um gemeinsam mit ihm Lösungen zu finden.

Gehen Sie die Klassenarbeit Zeile für Zeile mit Ihrem Kind durch. Es könnte zum Beispiel sein, daß:

- Aufgaben nur oberflächlich durchgelesen wurden und die Antworten nicht zu den Fragen passen (Aufmerksamkeits-Schwäche?), am Ende der Arbeit verstärkt Fehler auftraten (Konzentrations-Probleme?)
- Aufgaben falsch gerechnet wurden, weil Zahlen nicht korrekt untereinander standen (Unordnung?)
- Aufgaben falsch vom Blatt abgeschrieben wurden (Ängste, Konzentrationsmangel?)

- das Klassenarbeitsblatt gewellt und verschmiert ist (feuchte Hände, Streß, Angst?)
- die Schrift krakeliger ist als gewöhnlich (Prüfungsängste?)
- Zahlendreher vorkommen (Wahrnehmungs-Schwäche?)
- „+" statt „-" gerechnet wurde (Konzentrations-Probleme?)

Notieren Sie alle Auffälligkeiten. Machen Sie eine konkrete Liste. Für Martina ergab sich beim Diktat z.B. folgende Liste:

- Alle schwierigen Lernwörter waren richtig geschrieben. Geläufige Wörter wie „kann" oder „dann" hatte sie nur mit einem „n" geschrieben.
- Sie hatte „dem" und „den", „seinem" und „seinen" verwechselt.
- Aus „ie" hatte sie „ei" gemacht – und umgekehrt.
- Die Fehler waren gegen Ende des Diktats nicht häufiger geworden.

Beobachten Sie Ihr Kind auch beim Durchführen der Hausaufgaben. Führen Sie ein kleines Tagebuch.

Bei Martina sieht ein Ausschnitt aus dem Tagebuch so aus:

Montag, 13. März

- **Lesen:** Martina liest stockend. Sie verschluckt Vorsilben und Endsilben. Sie liest „dabe" statt „bade" und vertauscht „d" und „b". Schwierigkeiten mit dem Text-Verständnis.
- **Schreiben:** Abschreiben sehr mühselig. Abschreiben des Textes Seite 14 dauert 40 Minuten. Bei jedem Buchstaben blickt sie wieder in das Buch.
- **Mathematik:** Bis auf die Textaufgabe selbständig flott alles erledigt.
- **Sachkunde:** Hausaufgabe: Blätter sammeln und abmalen. Erledigt sie mit Begeisterung.

Gehen Sie mit Ihrer Auffälligkeits-Liste in die Sprechstunde des Fachlehrers. Fragen Sie ihn nach seinem Rat.

Ihre Liste hilft dem Fachmann, sich ein Bild zu machen und Sie entsprechend gut zu beraten.

Holen Sie sich unter Umständen auch das Urteil des Schulpsychologen ein. Setzen Sie seine Verbesserungs-Vorschläge in die Tat um.

Wenn das alles nicht hilft, sollten Sie sich vergewissern, daß Ihr Kind keine „besonderen Probleme beim Lernen" hat. Mehr darüber im nächsten Kapitel.

Der Plan für den Monat

Auch wenn Sie jetzt stöhnen mögen: „Nicht noch einen Plan", lassen Sie sich versichern, daß Ihnen all diese Pläne im täglichen Leben Erleichterung verschaffen werden und – wenn sie einmal erstellt sind – keine Mehrarbeit bedeuten, sondern auf Dauer weniger Arbeit machen.

Je älter Ihr Kind ist, um so wichtiger ist der Plan für den Monat. Anstatt sich auf sein Gedächtnis verlassen zu müssen, kann Ihr Kind **sehen**, was in diesem Monat ansteht. Wichtige Daten werden eingetragen und können so nicht in Vergessenheit geraten.

Legen Sie zusammen mit Ihrem Kind einen Plan in der Größe von mindestens 50 x 30 cm an, und hängen Sie ihn gut sichtbar auf.

Hier ein Beispielkalender:

FEBRUAR					
TAG:	SCHULE:	SONSTIGES:	TAG:	SCHULE:	SONSTIGES:
MO,1.			MO,15.		
DI,2.	Reli-Test		DI,16.		Felix Geb.
MI,3.			MI,17.	lernen	
DO,4.		16.30 Sport	DO,18.	"	16.30 Sport
FR,5.			FR,19.	"	
SA,6.			SA,20.	"	
SO,7.		zu Oma	SO,21.	"	
MO,8.			MO,22.	"	
DI,9.	Mathe fällt aus!		DI,23.	Mathe-Arbeit!	
MI,10.			MI,24.		
DO,11.		16.30 Sport	DO,25.		16.30 Sport
FR,12.		Zoo	FR,26.		
SA,13.			SA,27.		
SO,14.			SO,28.		

Kapitel 7: Das Wichtigste in Kürze

- Mit dem Erstellen eines Hausaufgaben-Konzeptes bringen Sie Struktur in die Lern- und Arbeitsweise. So schützen Sie Ihr Kind vor Ordnungs- und Zeitmangement-Problemen.

- Gehen Sie mit Fehlern, die Ihr Kind gemacht hat, positiv um, und motivieren Sie es, künftig die Fehler von vornherein zu vermeiden.

- Mit einem Klassenarbeits-Plan legen Sie den Grundstein für meßbare Erfolge Ihres Kindes in der Schule.

8

Spezielle Lernschwächen und Lernstörungen

In diesem Kapitel erfahren Sie...

- welche besonderen Formen von Lernschwierigkeiten es gibt
- was Sie tun können, wenn Sie bei Ihrem Kind besondere Lernprobleme feststellen

Es gibt Kinder, bei denen die bisher von uns beschriebenen Hilfestellungen nicht ausreichen. Wenn sich Aufmerksamkeits-Probleme, Verhaltens-Auffälligkeiten und Lernschwierigkeiten zwar gebessert haben, Ihr Kind aber immer noch Schwierigkeiten beim Lernen hat, dann sollten Sie nochmals die besonderen Stärken und Schwächen Ihres Kindes beobachten, auflisten und sie mit dem Lehrer diskutieren. Falls dann noch Fragen offen sind, sollte ein Spezialist gezielt Untersuchungen und Entwicklungs-Tests durchführen. Es könnte eine „**spezielle Lernstörung**“ vorliegen.

Durch solche ausführlichen Analysen können wir bei den meisten Kindern eine geistige Lernbehinderung ausschließen und ebenso eine Erkrankung des Gehirns oder der Sinnesorgane. Die meisten Kinder überraschen uns sogar mit erstaunlichen Fähigkeiten: Sie sind clever, phantasievoll und empfindsam. Sie haben „nur“ ein spezielles Entwicklungs-Problem, das aber riesige Probleme machen kann.

Solche Kinder haben weniger Lernerfolge als ihre Mitschüler, meist ein geringes Selbstbewußtsein und oft viel Frust. Sie sind nicht absichtlich schwierige Kinder, die bewußt ihre Lehrer und Eltern ärgern wollen. Ihr Problem nimmt allerdings oft so viel Raum ein, daß sie selbst denken, sie seien dumm und könnten nichts.

Den Eltern geht es oft nicht anders. Sie sind enttäuscht und manchmal verzweifelt. Sie machen sich viele Gedanken und haben in der Regel schon alle möglichen Tips angewandt. Hilflosigkeit, Ärger und Selbstvorwürfe sind dann an der Tagesordnung.

Diese Probleme können nicht mit Erziehungsfehlern oder mangelndem Üben zu Hause erklärt werden. Im Gegenteil: Eltern von „gehandicapten Kindern“ sind meist besonders engagiert.

Oft bringt schon allein das Analysieren der Leistungs-Möglichkeiten und des Verhaltens eine Entlastung. Kinder und Eltern wissen dann, auf welche besonderen Stärken sie bauen können, und wie sie – in Zusammenarbeit mit Fachleuten – eine individuelle Förderung und Unterstützung aufbauen können.

Was gibt es nun für besondere Entwicklungs-Probleme?

Ungefiltert sehen, hören, fühlen – was ist eine Wahrnehmungs-Störung?

Bei vielen Kindern mit Lernproblemen tauchen die Begriffe „Wahrnehmungs-Störung“ oder „Sensorische Integrations-Störung“ auf.

Was ist damit gemeint?

Wenn sie sich an unser 2. Kapitel erinnern, haben wir über Wahrnehmungs-Verarbeitung als Grundlage für Entwicklung und Verhalten gesprochen. Jeder über unsere Sinnessysteme aufgenommene Eindruck ist eine Wahrnehmung, die das Gehirn verarbeiten muß.

Genau genommen hat jedes Kind mit einem Entwicklungs-Problem in irgendeinem Bereich eine mangelnde Verarbeitung der Sinneseindrücke und somit eine „**Wahrnehmungs-Störung**“.

Bei unseren Untersuchungen und Tests bekommen wir ein gutes Bild über die individuelle Informations-Verarbeitung und das Zusammenspiel der Sinnessysteme. Lernt das Kind besser über den Körper- und Bewegungssinn, über den Gleichgewichts-Sinn, über die Hörwahrnehmung oder besser über die Seheindrücke? Gibt es in diesem Zusammenspiel Defizite?

Erst, wenn diese Fragen geklärt sind, können entwicklungsauffällige Kinder individuell – abgestimmt auf ihre persönlichen Bedürfnisse – gezielt unterstützt werden.

Unsere Erfahrungen mit „wahrnehmungsgestörten“ Kindern bringen uns zunächst immer wieder auf die wichtige Funktion des „Ordnungs-Zentrums“ zurück. Jedes Kind hat es beim Lernen leichter, wenn es konzentriert ist und Reize filtern kann, ehe es sie weiter verarbeitet und speichert. Für die Förderung gehandicapter Kinder ist es besonders wichtig, die Aufmerksamkeits-Fähigkeit zu trainieren. Die Anleitungen in diesem Buch helfen Ihnen dabei und sollten begleitend zu einer eventuell notwendigen Therapie angewandt werden.

Hyperaktiv oder verträumt?
A·D·S – das Aufmerksamkeits·Defizit·Syndrom

Erinnern Sie sich noch an Fabian? Die Eltern sind sehr um ihn bemüht. Trotz vieler Hilfen bei der Organisation seines Schulalltags gab es immer wieder Ärger. Sein Hausaufgaben-Heft führt er mittlerweile gut und vergißt ganz selten, seine Hausaufgaben zu machen. Aber in seiner Klasse wird er – einmal in die Rolle des „Schwarzen Schafes“ gerutscht – für jeden Blödsinn verantwortlich gemacht. Auch, wenn er es gar nicht war. Er kann sich nicht konzentrieren und nicht stillsitzen.

***Andreas** besucht die zweite Grundschulklasse. Seit der Einschulung machen sich die Eltern immer größere Sorgen um ihn. Trotz Hilfestellungen von Eltern und Lehrerin kann Andreas immer nur ein paar Minuten lang aufpassen. Obwohl alle sich Mühe geben, erledigt er nur einen Teil der Aufgaben. Entweder zappelt er auf seinem Stuhl hin und her, oder er träumt vor sich hin. Wenn er etwas zum Unterricht beitragen möchte, ruft er einfach in die Klasse. Er kann einfach nicht abwarten.*

Die Lehrerin wird mit Andreas immer ungeduldiger, weil er in den Pausen fast in jeden Streit verwickelt ist. Er läßt sich schnell provozieren, reagiert impulsiv, manchmal auch aggressiv.

Andreas hat keinen richtigen Freund. Zu Hause ist es ähnlich anstrengend. Es fällt ihm schwer, Regeln einzuhalten. Meist hört er nicht hin und vergißt alles, was für ihn nicht besonders spannend ist. Seine Eltern sind der Verzweiflung nahe.

Max kennen Sie mittlerweile recht gut. Er hat ähnliche Probleme wie Fabian und Andreas. Mit unserer neurologischen und psychologischen Untersuchung haben wir ein „Aufmerksamkeits·Defizit·Syndrom“ festgestellt (A·D·S).

Diese Aufmerksamkeits-Störung ist gar nicht so selten: ca. 8-10% aller Kinder leiden darunter. Statistisch gesehen sind also zwei Kinder einer normalen Schulklasse betroffen.

A·D·S-Kinder zappeln nicht mit Absicht herum. Eigentlich möchten sie sich auch gar nicht auffällig verhalten oder vor sich hin träumen. Sie haben eine Störung in ihrem Aufmerksamkeits-Zentrum. Am liebsten würden sie genauso „funktionieren" wie ihre erfolgreicheren Klassenkameraden.

Grund der Störung ist eine mangelnde Filterung eintreffender Reize im Steuerungs-Zentrum. Die betroffenen Kinder nehmen viele Reiz-Eindrücke auf einmal wahr und bekommen dadurch einen „Datensalat", so daß sie Informationen nicht einordnen und wiederfinden können. Sie wirken sehr vergeßlich, unkonzentriert, impulsiv und oft auch sehr unruhig. Einige Kinder mit A·D·S (oft sind es Mädchen) haben keinen übertriebenen Bewegungs-Drang, sind eher verträumt und bekommen dadurch viele Informationen nicht mit. Durch ihre „inneren Bilder" sind sie abgelenkt, schaffen es nicht, ihr Aufmerksamkeits-Zentrum gezielt einzuschalten, und verlieren sich in ihrer Gedankenwelt.

Aus wissenschaftlichen Untersuchungen wissen wir, daß der Störung ein Ungleichgewicht der Überträger-Stoffe an den Nerven-Enden zugrunde liegt – eine „Neurotransmitter"-Störung, die intensivere therapeutische Hilfen nötig macht.

Um diese Kinder vor einer „inneren Reizüberflutung" und einem Durcheinander ihrer Sinneseindrücke zu schützen, sind die in diesem Buch beschriebenen Strukturierungs-Maßnahmen besonders wichtig. So lernen die Kinder, sich und ihre Umwelt besser zu sortieren und ihre Stärken und Schwächen einzuordnen. Das ist nicht immer so einfach. Oft ist ein spezielles, zusätzliches Training für Kind und Eltern sehr hilfreich.

***Max** hat im Laufe eines Jahres gelernt, seine Aufmerksamkeits-Schwäche zu kompensieren. Seine besonderen Stärken und Begabungen sind jetzt für alle deutlich sichtbar. Seine Eltern und er haben bei der Gestaltung des „Tages- und Lernmanagements" begeistert*

mitgemacht. Sie hatten immer wieder neue und gute Ideen. Zusätzlich hat Max an einem speziellen Trainingsprogramm für A·D·S-Kinder teilgenommen. Max erledigt jetzt seine Hausaufgaben in angemessener Zeit. Er hat viel mehr Freiraum, sich auf dem Fußballplatz auszutoben. In der Klasse muß er auch nicht mehr immer den „Kasper" machen, um Aufmerksamkeit zu bekommen. Es gibt längst nicht mehr so viel Ärger.

Bei einigen Kindern mit A·D·S gibt es trotz Trainings- und Therapie-Maßnahmen immer wieder Schwierigkeiten. Um weiteren Frustrationen und Problemen in der Persönlichkeits-Entwicklung vorzubeugen, sind dann Medikamente als zusätzliche Unterstützung unumgänglich. Sie gleichen die angeborene Störung im Neurotransmitter-Stoffwechsel gut aus.

***Melissa** (6 Jahre) wurde uns vor der Einschulung vorgestellt. Sie ist an allem interessiert. Sie spielt sehr phantasievoll und erfindet schon selbst kleine Geschichten. Sie ist sprachlich sehr gewandt und hat den Drang, immer und zu allem etwas zu sagen. Es kommt kaum jemand anderes zu Wort. Das führt im Kindergarten und zu Hause zu Problemen. Melissa will über alles bestimmen und kann Anweisungen ihrer Mutter oder der Kindergärtnerin nicht befolgen. Da sie immer dominieren will, findet sie keine Freundin und ist darüber ganz traurig.*

Durch ihre Zappeligkeit geht sie vielen auf die Nerven. Je mehr Melissa erlebt, um so unruhiger und „chaotischer“ reagiert sie. So werden z.B. Kindergeburtstage für die Eltern zum Alptraum.

Melissa ist schnell durcheinander, weil sie alles auf einmal wahrnimmt und auch alles gleichzeitig machen möchte. Sie läßt sich zum Beispiel beim Malen keine Zeit, wird ganz hektisch und bringt alle Dinge, die ihr gerade einfallen, schnell zu Papier. Das Bild ist sehr phantasievoll und ausdrucksstark – nur etwas durcheinander.

Wir haben mit Melissa und ihren Eltern einen Plan entworfen, wie sie abwarten lernen und überlegter reagieren kann. Dafür muß sie zu Hause lernen, Regeln zu akzeptieren. Der Tagesablauf dient als „Orientierungs-Gerüst“ mit immer wieder gleichen Abläufen (Aufstehen, Anziehen, Zähneputzen, Essen). Hält sie sich an die Spielregeln, wird sie belohnt. Nach mehreren Wochen konsequenter Übung kann sie sich besser am Gespräch beteiligen und auch mal abwarten. Sie lernt, überlegter und ruhiger zu erzählen, und akzeptiert zwischendurch auch mal einen Spielvorschlag ihrer Schwester.

In Gruppen von mehr als drei Kindern findet sie sich allerdings nach wie vor schwer zurecht. Sie dominiert, fühlt sich aber gleichzeitig immer ungerecht behandelt. Ihre Konzentrations-Fähigkeit hält meist nur ein paar Minuten lang an.

Neben den beschriebenen „Trainings-Maßnahmen“ haben wir eine medikamentöse Therapie begonnen. Jetzt fällt Melissas Aufmerksamkeits-Schwäche kaum noch auf. Sie kann alle Aktivitäten mitmachen, provoziert keinen Ärger mehr und freut sich auf die Schule, wo sie endlich lesen lernt.

(Mehr über A·D·S finden Sie in unserem *„A·D·S-Buch – neue Konzentrationshilfen für Zappelphilippe und Träumer“*).

Schriepen ist schwer! – Was ist eine Lese-Rechtschreib-Schwäche (LRS)?

Erinnern Sie sich noch an **Adriana** *aus dem 1. Kapitel? Sie stopft sich mit Süßigkeiten voll – aus Frust über ihre ständigen „Fünfer" im Diktat. Dadurch, daß sie die Rechtschreibung auch mit viel Üben „nicht in den Kopf" bekommt, daß auch das Lesen noch sehr schleppend und mühsam ist, scheitert sie meist zusätzlich in Mathe wegen der Textaufgaben. Es ist zum Heulen!*

Melanie *kennen Sie aus dem 5. Kapitel. Sie leidet schon in der 1. Klasse an ihren Mißerfolgen im Schreiben. Sie kann sich die Wörter nicht merken und erinnert sich an manche Buchstaben gar nicht mehr. Sie verdreht Silben und braucht unglaublich viel Zeit beim Schreiben.*

Kevin *besucht die 2. Klasse. Er geht seit einigen Wochen nicht mehr so gern in die Schule. Er beteiligt sich sehr lebhaft am Unterricht, hat aber große Probleme, fehlerfrei zu schreiben. Mittlerweile wird er beim Vorlesen öfter ausgelacht, weil er ins Stottern kommt. Er hat morgens Angst vor der Schule.*

Die Lehrerin ist – bis auf das noch sehr stockende Lesen – zufrieden mit ihm. Bei geübten Diktaten macht er nur wenige Fehler.

Allerdings muß er diese Diktate zu Hause zehnmal so häufig üben wie sein Freund Sven. Wenn er Wörter noch nicht auswendig hinschreiben kann, macht er sehr viele Fehler.

In der Regel verwechselt er ähnlich klingende Laute, wie K und G. Meist vergißt er einzelne Silben – besonders die Endungen – oder verdreht die Reihenfolge von Buchstaben. Langsilbige Wörter kann man bei ihm deshalb nur schwer entziffern.

Dies ist ein Bild von ***Wanja:*** *Er malt ein schönes buntes Haus und möchte eine Geschichte dazu aufschreiben. Er kann alle Buchstaben in Druckschrift schreiben, nur die Zusammensetzung der Wörter wird zum Problem. Den Anfang des Textes liest er so vor: „Paula komm, wir wollen spielen.“ Schade – es ist leider nicht zu entziffern.*

Markus, *mittlerweile in der 4. Klasse, wäre froh, wenn er endlich zaubern könnte und nicht ständig Diktat üben müßte. Trotz vieler Nachhilfestunden und wiederholtem Abschreiben der fehlerhaften Wörter im Diktat wird seine Note in Deutsch nicht besser. Er kann tolle Aufsätze schreiben. Leider werden diese wegen der Rechtschreibfehler auch nur mit einer schwachen „4“ bewertet. Es ist zum Weglaufen.*

Adriana, Melanie, Kevin, Wanja und Markus sind altersgemäß entwickelt und verfügen über eine normale Intelligenz. Sie gehören zu den Kindern mit einer sogenannten „umschriebenen Teil-Leistungsschwäche beim Erlernen des Lesens und Schreibens“. Diese Lernschwäche nennt man auch „**Lese-Rechtschreib-Schwäche**“ oder „**Legasthenie**“.

Für solche Kinder ist es sehr schwierig, die Lautsprache in Schriftsprache umzusetzen. Ca. 10% aller Schüler haben Schwierigkeiten, das Lesen und Schreiben schnell zu lernen – bei ansonsten guten Leistungen in den anderen Fächern.

Für die betroffenen Kinder ist es wichtig, daß das Teil-Leistungsproblem möglichst schnell erkannt wird. Nur so sind Folgestörungen, wie Schulunlust, schwaches Selbstbewußtsein und psychosomatische Beschwerden, zu vermeiden.

Bei genauem Hinsehen fällt den Eltern meist schon am Ende der ersten Klasse auf, daß ihr Kind besonders viel Mühe hat, richtig und lautgetreu zu schreiben. Das Lesen wird meist vermieden. Die Kinder lernen den Text aus dem Lesebuch schnell auswendig. Bei neuen mehrsilbigen Wörtern ist das Zusammenziehen der Silben sehr holprig. Sie sind noch so mit dem Erlesen einzelner Wörter beschäftigt, daß sie Mühe haben, einen ganzen Satz zu verstehen und den Sinn zu behalten. Sie schmökern nie in einem Buch mit viel Text.

An einem Beispiel aus unserer Praxis erkennen Sie, wie man eine Lese-Rechtschreib-Schwäche (LRS) bei Kindern feststellen kann. Kinder mit dieser Schwäche sind nicht weniger intelligent als ihre Mitschüler. Sie kennen alle Begriffe und deren Bedeutung, und sie kennen auch alle Buchstaben. Allerdings können sie – aufgrund ihrer Wahrnehmungs-Störung – die einzelnen Buchstaben nicht richtig ordnen und verknüpfen.

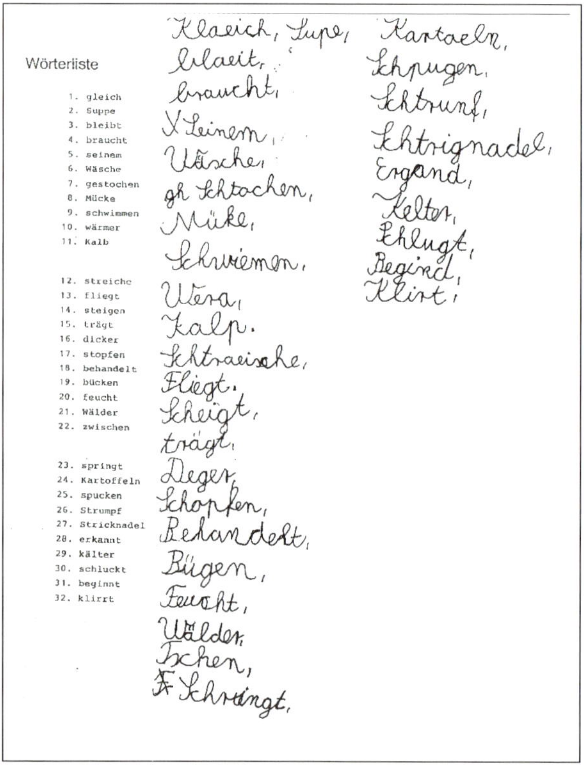

Alle Kinder mit solch einer „Lese-Rechtschreib-Schwäche" sind in sämtlichen anderen Bereichen **normal entwickelt**. Dies zeigt u.a. der Intelligenz-Test. Die Kinder sind clever und können gut logisch denken. Nur im Rechtschreibtest erreichen sie im Vergleich zu ihren gleichaltrigen Mitschülern weniger als 15 Prozent der möglichen Punkte. Das heißt, mehr als 85% der Klassenkameraden haben bessere Rechtschreibleistungen.

Das Problem liegt in der Verarbeitung von aufgenommenen Informationen (siehe Kapitel 2). Viele „Legastheniker“ haben eine Störung in der Hörverarbeitung. Sie nehmen z.B. den Laut „o“ als „u“ wahr oder „g“ als „k“ und schreiben ihn so hin. Unglücklicherweise ist häufig darüberhinaus die Merkfähigkeit für Reihenfolgen nicht gut ausgeprägt, so daß sie Wortbilder in ihrem fotografischen Gedächtnis schlecht abspeichern können. Dies ist ein weiteres „Handicap“ auf dem Weg zur richtigen Rechtschreibung. Es wird dann z.B. aus dem Wort „Mus“ der Begriff „Nuß“. Markus las früher z.B. „ni“ statt „in“; oder „Musa“ statt „Maus“.

Kinder mit dieser Teil-Leistungsstörung brauchen gezielte Hilfen, um Kompensations-Strategien zu erlernen, mit denen sie ihre Schwäche ausgleichen können.

Das Beherrschen der Rechtschreibung wird auch durch spezielle Förderung nicht zu einer ihrer herausragenden Stärken. Die Kinder lernen aber, mit ihrer Schwäche umzugehen und Hilfsstrategien anzuwenden. Dazu sind aber besonders gute Aufmerksamkeits-Leistungen nötig. Die Kinder brauchen eine gute Arbeits-Strukturierung, um besser zuhören und zuschauen zu können. Sie profitieren von festen Arbeitszeiten und Regelmäßigkeiten beim Lernen (Kapitel 5).

Bei der Förderung vergißt man allerdings manchmal das Allerwichtigste: Den Ausgleich zum konzentrierten Lernen: das Unterstützen der Lernmotivation durch andere Aktivitäten, die Spaß machen, und bei denen die Kinder schnell ihre Erfolgs-Erlebnisse haben.

Denken Sie immer daran:

Ohne Erfolgs-Erlebnisse keine Erfolgs-Ergebnisse.

9 + 5 = 16? Was ist eine umschriebene Rechenstörung (Dyskalkulie)?

Wenn ein Kind im Musik- oder Sport-Unterricht keine guten Leistungen zeigt, ist das für die meisten Eltern kein Grund zur Beunruhigung. Anders dagegen sind die Reaktionen auf schlechte Noten in „Deutsch" oder „Mathematik".

Sowohl das Kind als auch die Eltern sind enttäuscht. Sie machen sich Sorgen um die weitere Schulkarriere und die Zukunft ihres Kindes.

> ***Dennis** und **Ines,** die Sie im ersten Kapitel kennengelernt haben, sitzen häufig besonders lange an ihren Rechenaufgaben. Für Ines fingen die Schwierigkeiten schon in der 1. Klasse an, als die Aufgaben den 10er-Raum überschritten. Sie konnte nicht mehr schnell genug mit den Fingern rechnen. Auch jetzt, in der 3. Klasse, sind ihr Zahlen-Verständnis und ihre Mengen-Vorstellung eine Katastrophe. In Mathe muß sie sich alles noch mühsam erarbeiten. Sie braucht viel Anschauungsmaterial, sonst versteht sie die Aufgaben erst gar nicht.*

Ähnlich wie bei der Lese-Rechtschreib-Schwäche gibt es Schulkinder, denen – bei sonst gutem Leistungsvermögen – das Rechnen sehr schwer fällt. Diese isolierte Lernstörung nennt man auch **Dyskalkulie.**

Den betroffenen Kindern fehlt eine Zahlen- und Mengen-Vorstellung. Sie haben einen schlechten räumlichen Orientierungs-Sinn und brauchen z.B. beim Überschreiten des Zehners, wenn die Finger nicht mehr ausreichen, konkrete Anschauungs-Hilfen, wie den „Zahlenstrahl" oder aufgereihte Perlenketten.

Obwohl ca. 1-4% aller Schulkinder davon betroffen sind, wird diese umschriebene Teil-Leistungsstörung in der Regel übersehen oder mangels Wissen ignoriert. Diese Kinder werden oft als minder begabt eingestuft. Es scheint so, als wenn mathematische Leistungen allen anderen Fächern voran als **das** Kriterium für allgemeine Intelligenz angesehen würden und Kinder mit diesem isoliertem Lernproblem schlicht für dumm erklärt werden. Ihre allgemeinen guten Denkfähigkeiten werden dabei oft übersehen.

Neben der therapeutischen Unterstützung muß den Kindern deshalb immer von Neuem bestätigt werden, daß sie nicht dumm sind, sondern nur ein isoliertes Problem haben. Sie brauchen eine gute Selbsteinschätzung, um nicht durch Frustrationen in der Schule generell die Lernmotivation zu verlieren.

Kapitel 8: Das Wichtigste in Kürze

- Spezielle Lernstörungen, wie z.B. die Lese-Rechtschreib-Schwäche, sind kein Anzeichen für mangelnde Intelligenz, sondern für eine Teil-Leistungsstörung.

- Kinder mit solchen Schwächen sind meist in anderen Bereichen sehr gut entwickelt und haben Fähigkeiten, die Sie als Eltern fördern und entwickeln können.

- Gemeinsam mit Fachleuten können Sie Ihrem Kind helfen, seine Schwäche zu akzeptieren und damit unzugehen. So können Sie das Selbstvertrauen Ihres Kindes für die anderen Entwicklungs-Bereiche stärken.

Schlußwort

Auch das Lernen kann man lernen – das gilt nicht nur für unsere Kinder, sondern genauso für uns Eltern. Wenn wir Eltern lernen, bei unseren Kindern nicht immer die Fehler und Schwächen zu suchen, sondern ihre Stärken und Talente zu erkennen und anzuerkennen, dann haben wir das Wichtigste gelernt, was Eltern lernen können – nämlich, unseren Kindern Selbstvertrauen und Selbstbewußtsein mit auf den Weg zu geben. Auf dieser Basis können wir mit unseren Kindern gemeinsam alle Schwierigkeiten aus dem Weg räumen und alle Ziele erreichen.

Natürlich geht das nicht immer von heute auf morgen. Haben Sie Geduld mit Ihrem Kind, und lassen Sie sich auch von Rückschlägen nicht entmutigen. Lassen Sie Ihr Kind täglich spüren, daß Sie auf seiner Seite sind – und wie stolz sie auf alles sind, was es schon kann.

Das sind die Erfolgs-Erlebnisse, die Ihr Kind braucht, um beim Lernen Erfolgs-Ergebnisse zu erzielen.

Wir wünschen Ihnen und Ihren Kindern viel Spaß beim „Lernen lernen" und viel Erfolg beim Lernen.

Elisabeth Aust-Claus und Petra-Marina Hammer
Juli 1997

Die Oberstebrink Elte

Die richtigen Eltern-Ratgeber für di

Die Ratgeber-Reihe

Das Standardwerk für alle Eltern, die für sich und ihre Kinder ruhige Nächte haben wollen

Hardcover, 157 S.,
4-fbg. Fotos und Abb.
DM 29,80 · ÖS 218,--
SFR 28,-- · LIT 31.600,--
ISBN 3-9804493-0-0

Der Leitfaden für alle Eltern, deren Kinder auf natürliche Weise trocken werden sollen

Hardcover, 153 S.,
4-fbg. Fotos
DM 29,80 · ÖS 218,--
SFR 28,-- · LIT 31.600,--
ISBN 3-9804493-4-3

Das Regelwerk für alle Eltern, die ihren Kindern klare Spielregeln für ein harmonisches Familienleben vermitteln wollen

Hardcover, 157 S.,
4-fbg. Fotos und Abb.
DM 29,80 · ÖS 218,--
SFR 28,-- · LIT 31.600,--
ISBN 3-9804493-1-9

Die neuesten Erkenntnisse zur Erkennung und Behandlung von Kindern mit Aufmerksamkeits- und Konzentrationsstörungen

Hardcover, 319 S., 4-fbg.
Abb. und Illustrationen
DM 38,00 · ÖS 278,-- ·
SFR 35,50 · LIT 39.900,--
ISBN 3-9804493-6-X

OBERSTEBRINK

rn-Bibliothek

vichtigen Jahre

Die Magazin-Buch-Reihe

Das aktuelle Standardwerk für alle werdenden Eltern – und alle, die es werden wollen

Hardcover, 286 S.,
4-fbg. Fotos,
Abb. und Illustrationen
DM 34,80 · ÖS 255,--
SFR 32,50 · LIT 36.900,--
ISBN 3-9804493-5-1

Der Leitfaden für alle Mütter, die mit ihren Kindern und ihren Aufgaben wachsen wollen

Hardcover, 286 S.,
4-fbg. Fotos
DM 34,80 · ÖS 255,--
SFR 32,50 · LIT 36.900,--
ISBN 3-9804493-7-8

Spielregeln für das reibungslose Zusammenspiel von Eltern und Kindern

Hardcover, 192 S.,
4-fbg. Fotos
DM 34,80 · ÖS 255,--
SFR 32,50 · LIT 36.900,--
ISBN 3-9804493-8-6

OBERSTEBRINK

Hochaktuell: Das Thema A•D•S
Neu: Das A•D•S-Buch

In ihrem neuen Buch stellen Elisabeth Aust-Claus und Petra-Marina Hammer die neuesten Erkenntnisse zur Erkennung und Behandlung von Kindern mit Aufmerksamkeits- und Konzentrations-Störungen vor.

Die sinnvolle Ergänzung zu „Auch das Lernen kann man lernen".

Ein unentbehrliches Buch für alle Eltern, Lehrer und Therapeuten, die mit Zappelphilippen und Träumern zu tun haben.

Hardcover, 319 S., 4-fbg.
Abb. und Illustrationen
DM 38,00 · ÖS 278,-- ·
SFR 35,50 · LIT 39.900,--
ISBN 3-9804493-6-X